Quando fui pai do meu irmão

O desafio é sempre imprimir sentido à existência

Quando fui pai do meu irmão

O desafio é sempre imprimir sentido à existência

Frei Betto

70

Quando fui pai do meu irmão

Edições 70 é um selo da Editora Almedina do Grupo Editorial Alta Books (STARLIN ALTA EDITORA E CONSULTORIA LTDA).

ISBN: 978-65-5427-240-7

Impresso no Brasil — 1ª Edição, 2025 — Edição revisada conforme o Acordo Ortográfico da Língua Portuguesa de 2009.

Dados Internacionais de Catalogação na Publicação (CIP)
(Câmara Brasileira do Livro, SP, Brasil)

Betto, Frei
Quando fui pai do meu irmão : o desafio é sempre imprimir sentido à existência / Frei Betto. -- São Paulo : Edições 70, 2025.

ISBN 978-65-5427-240-7

1. Homens - Autobiografia 2. Espiritualidade 3. Família - Histórias 4. Militância 5. Relatos pessoais I. Título.

24-194762 CDD-920.71

Índices para catálogo sistemático:

1. Homens : Autobiografia 920.71

Eliane de Freitas Leite - Bibliotecária - CRB 8/8415

Grupo Editorial Alta Books

Produção Editorial: Grupo Editorial Alta Books
Diretor Editorial: Anderson Vieira
Editor da Obra: Marco Pace
Vendas Governamentais: Cristiane Mutüs
Gerência Comercial: Claudio Lima

Assistente Editorial: Andreza Moraes
Revisão: Daboit Textos
Diagramação: Eduardo Faria/Officio
Copidesque: Maria Helena Guimarães Pereira
Agente Literária: mhgpal@gmail.com

ALTA BOOKS
GRUPO EDITORIAL

Rua Viúva Cláudio, 291 — Bairro Industrial do Jacaré
CEP: 20.970-031 — Rio de Janeiro (RJ)
Tels.: (21) 3278-8069 / 3278-8419
www.altabooks.com.br — altabooks@altabooks.com.br
Ouvidoria: ouvidoria@altabooks.com.br

Editora **afiliada à:**

ASSOCIADO

Para Antonio Pedro Pellegrino

SIGLAS

ABC Sigla pela qual são conhecidos os três municípios mais importantes da região industrial de São Paulo: Santo André, São Bernardo do Campo e São Caetano do Sul.

AC Ação Católica

AP Ação Popular

BH Belo Horizonte

CEB Comunidade Eclesial de Base

Cenimar Centro de Informações da Marinha – hoje Centro de Inteligência da Marinha

EUA Estados Unidos da América

FAB Força Aérea Brasileira

FAO Food and Agriculture Organization (organismo da ONU para alimentação e agricultura)

Funai Fundação Nacional dos Povos Indígenas

G-20 Grupo dos países mais desenvolvidos do mundo

Incor Instituto do Coração

JEC Juventude Estudantil Católica

JUC Juventude Universitária Católica

MG Minas Gerais

OLAS Organização Latino-Americana de Solidariedade

ONG Organização Não Governamental

ONU Organização das Nações Unidas

PC Partido Comunista

PCB Partido Comunista Brasileiro

PM Polícia Militar

PMDB Partido do Movimento Democrático Brasileiro

PT Partido dos Trabalhadores

SNI Serviço Nacional de Informações

TFP Tradição, Família e Propriedade

UCMG União Colegial de Minas Gerais

UFMG Universidade Federal de Minas Gerais

UMES União Municipal de Estudantes Secundaristas

UTI Unidade de Terapia Intensiva

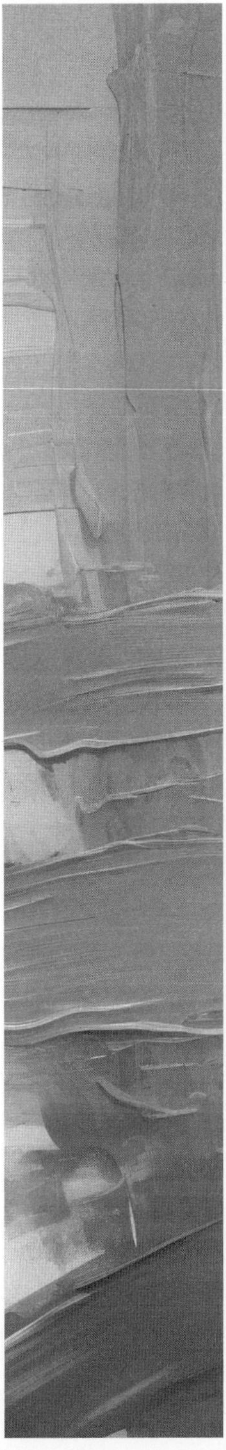

Sumário

Quando fui pai do meu irmão

O que me fez ser o que sou

INICIO PELO QUE NÃO SOU e muitos julgam o contrário: padre e filiado a partido político.

E pelo que sou: peregrino de Deus viajando a bordo de um paradoxo.

Sou católico. Todos os dias oro para que Deus faça de mim um cristão. Ecumênico, sou favorável ao diálogo e à comunhão inter-religiosos.

Bom lembrar: Deus não tem religião.

Sou cidadão visceralmente político. Sempre evitei me filiar a partidos. Transito em outras trincheiras, por vezes mais eficientes que partidos.

Atuo em pastoral popular, assessoro movimentos sociais, escrevo artigos em jornais e sites, publico livros, profiro palestras... É o bastante. A vida é curta para todos os meus projetos. E não cabe nos meus sonhos.

Todos fazemos política. Por participação ou omissão. Nessa matéria, não há neutralidade. Há, sim, quem se julgue apolítico. Mera ilusão. Como diz o teólogo Clodovis Boff, tudo é política, mas a política não é tudo.

De fato, tudo na vida de cada um de nós tem a ver com política: a qualidade do café da manhã; o salário; o transporte público; o preço do pão; a saúde; o modo como se é tratado numa batida policial.

Aliás, somos ministeriados do nascimento à morte. Ao nascer, a certidão vai para o Ministério da Justiça. Na escola, Ministério da Educação. Ao tomar vacinas, Ministério da Saúde. No emprego, Ministério do Trabalho. Ao dirigir, Ministério das Cidades. Ao aposentar, Ministério da Previdência Social. E ao morrer, voltamos ao Ministério da Justiça.

E todos temos ideologia. O bispo anglicano Desmond Tutu, prêmio Nobel da Paz de 1984, dizia que não há nada mais ideológico do que afirmar "não tenho ideologia".

Ideologia é como óculos. Utilizo os meus para enxergar melhor. Ao enxergar, não os vejo. A ideologia é como os óculos: através dela vemos a realidade. Mas nem sempre temos consciência dela.

— Como um frade se mete em política? - exclamam alguns.

— Sou discípulo de um prisioneiro político - respondo. — Jesus não morreu na cama nem de desastre de camelo em uma esquina de Jerusalém. Morreu assassinado na cruz, condenado à morte por dois poderes políticos.

* * *

Nasci atolado nessa coisa chamada política. Meu pai, em casa e na rua, não falava de outro assunto. Opinava, debatia, discutia, propunha. Odiava o Juscelino. Minha mãe achava-o charmoso, mas ficava calada. UDN era a sigla do meu pai: União Democrática Nacional. Partido nascido nos estertores da ditadura getulista. Meu pai inclusive assinou o *Manifesto dos Mineiros* contra o ditador. Em represália, perdeu o emprego no Rio e viu-se obrigado a retornar a Minas.

Guardou para o resto da vida o orgulho de haver colocado seu jamegão naquele manifesto.

Me envolvi muito cedo com política estudantil. Aos 13 anos, ingressei na JEC: Juventude Estudantil Católica. Um dos ramos da Ação Católica, subdividida em A-E-I-O-U: JAC, JEC, JIC, JOC E JUC. Juventude Agrária Católica; Juventude Estudantil Católica; Juventude Independente Católica; Juventude Operária Católica; e Juventude Universitária Católica.

A JEC era meio clandestina. Foi o que me atraiu. Aos 13 anos eu andava entretido com Conan Doyle e Agatha Christie. Adorava mistérios. A JEC se cercava de mistérios. Ninguém, no meio estudantil, identificava um jecista. Só um sabia da existência do outro. Como na Máfia. *Cosa nostra.*

A diferença é que a JEC estava mais para catacumba que para máfia. Lembra do Império Romano perseguindo os cristãos? Lembra que os discípulos do Nazareno serviam de repasto aos leões do Coliseu, em Roma? Os cristãos cavavam túneis e cavernas e, longe do olhar das autoridades pagãs, faziam ali suas celebrações.

A JEC não tinha catacumbas. Era como se tivesse. Para efeito externo, o jecista aparecia como um estudante sem nenhuma vergonha de assumir em público sua fé cristã. O importante não era a sigla (JEC), era anunciar o Evangelho. O colega me via lá na escola e ficava intrigado: "Pô, o Betto não tem nada de carola, adora namorar e dançar, mistura guaraná com Georges Aubert.[1] Como é que um sujeito desses vai à missa, comunga, lê os evangelhos?"

1 Brandy de procedência gaúcha.

Era assim. Os colegas viam eu me afirmar como cristão. Cristão sem beatice ou moralismos: "Ah, isso não pode, é pecado", como apregoavam os carolas da Cruzada Eucarística, da Congregação Mariana, sem falar dos fundamentalistas do movimento Tradição, Família e Propriedade (TFP), que abominavam mulher e enxergavam comunismo até no rótulo vermelho da Coca-Cola.

O pessoal da JEC tinha "bago roxo", como dizia frei Chico, o guru cabeça aberta. E todos nós, militantes, éramos viciados em utopia. Estou convencido de que quanto mais utopia, menos drogas. Quanto menos utopia, mais drogas. Não se pode viver sem sonhos.

Participar do movimento não era uma opção de qualquer estudante. Não se podia bater na porta e pedir para "fazer parte". A porta só abria de dentro para fora. Tratava-se de uma via de mão única: somente os militantes da JEC escolhiam os futuros participantes, em geral, líderes estudantis, como Betinho e Henriquinho, irmãos que, mais tarde, ficaram famosos: Betinho por combater a fome e a miséria; Henriquinho por seus geniais cartuns sob o pseudônimo de Henfil.

A paquera se chamava *nucleação*. E tinha método. Nucleação porque se tratava de formar, em cada escola, um ou mais núcleos de JEC. Sempre na moita. Nada de dar bandeira como jecista. Como cristão, sim.

Uma vez apontado o líder, iniciava-se o cerco. Primeiro, aproximar-se, ficar amigo. O líder gosta de futebol, lá vou eu jogar bola com ele. Gosta de cinema, haja pipoca! Gosta de excursionar, haja trilhas! Gosta de dançar, haja festa!

Nessa aí, o líder sacava que em tudo éramos parecidos à maioria dos jovens (vide *Carta a Diogneto*, do século II d.C.), exceto no fato de eu andar com um pequeno exemplar do Novo Testamento (pequeno, de bolso, do tamanho de um maço de cigarro, da edição francesa da *Bíblia de Jerusalém*), ir à Missa do Estudante toda tarde de quarta-feira, comungar e puxar papo sobre justiça social.

Logo, outro companheiro do núcleo se aproximava do líder. Ele ficava encucado: "Pô, tá na onda ser cristão a sério..."

A JEC promovia, quase todo mês, hora dançante na casa de um dos nossos. De fato, horas, que chamávamos, sei lá por que, de chacrinha. Levávamos os líderes em processo de nucleação. Na cabeça deles, uma festinha como outra qualquer, com direito a cuba-libre e um som que variava do romantismo da bossa-nova e da voz de cama do Sinatra ao agito do rock de Elvis Presley.

Meninas da JEC por todos os lados. O líder tirava uma para dançar e era aquele papo cabeça, "não dá pra ficar indiferente à fome no mundo, você já leu o *Diário de Anne Frank*?, Deus é o maior barato..." e toma paquera evangélica.

No convento da Serra, dos frades dominicanos, de vez em quando promovíamos uma vigília no sábado. Sábado, cara! Noite de festas, namoro, esfrega. Convencíamos o líder a comparecer. Tinha início lá pelas nove da noite, no galpão ao lado da igreja. Primeiro, um filme tipo *Tempos modernos*, do Chaplin, seguido de debate, missa à meia-noite e chá com biscoitos.

Madrugada adentro, descíamos as ladeiras da Serra com o coração repleto de bons propósitos. Parecíamos até os discípulos de Emaús com o coração inflamado pelas palavras de Jesus...

O líder ali, cercado por todos os flancos pelos jecistas, mas sem a menor noção da existência do movimento. Ficava encantado com a nova turma. "Pô, que pessoal diferente!" Até o dia em que um jecista chegava e, olho no olho, abria o jogo: "Esse pessoal que você admira, aquelas meninas da chacrinha, os amigos lá da vigília, somos quase todos de um movimento cristão secreto."

O sujeito se surpreendia. "Está a fim de se enturmar? Topa abraçar o seguimento de Jesus?"

Os olhinhos dele até brilhavam de satisfação. Então vinha o fecho: "Bem-vindo à JEC". Mais um militante nucleado.

* * *

O movimento adotava o mesmo método de toda a Ação Católica: *Ver*, *julgar* e *agir*. As reuniões dos núcleos se iniciavam por uma análise da realidade. O *ver*. Analisar o que se passava na escola, a situação do movimento estudantil, as conjunturas da cidade, do país, do mundo.

Em seguida, o *julgar*: à luz da Palavra de Deus, da doutrina da Igreja Católica, quais desafios a realidade apresentava. Por fim, o *agir*: o que fazer, como, quando e onde.

Foi este método que aproximou muitos cristãos da Ação Católica e, mais tarde, a Teologia da Libertação, do marxismo. Como analisar a sociedade capitalista sem as ferramentas críticas forjadas por Marx e Engels?

Até hoje esse método me facilita a vida.

Na época do Toddy e do Óleo de Fígado de Bacalhau, as famílias davam formação religiosa aos filhos. Deixar de ir à missa aos domingos era pecado. Não dos graves, de penar no fogo do Inferno. Dos leves, uns meses no Purgatório. Tanto que no Minas Tênis Clube, todos os domingos, das 11h às 13h, tinha *missa dançante*. Assim chamada porque a garotada saía da missa das 10h na igreja de Santo Antônio e na igreja de Lourdes, vizinhas ao clube, e ia direto para a hora dançante. Pelas mesas, missais e véus. As mulheres, para se aproximarem da mesa da comunhão, tinham de cobrir a cabeça com véu. Os homens, na contramão, tinham de tirar o chapéu, que já andava em desuso.

Nossa formação religiosa era muito marcada pelo conceito de pecado, medo de morrer e ir para o Inferno, Deus-juiz que, lá de cima, vigiava cada um de nossos atos, inclusive os pensamentos mais íntimos.

Para adolescentes com os hormônios à flor da pele, pecado se resumia a sexo. Fantasias eróticas eram consideradas "maus pensamentos". Apreciar uma menina gostosa, luxúria. E haja fogo do Inferno, com diabinhos cozinhando a gente em carne viva por toda a eternidade!

Sob o peso da culpa, após derrapar nas curvas exuberantes de Marilyn Monroe no Cine Pathé ou engolir com os olhos as belas pernas de Miss Brasil na revista O *Cruzeiro*, eu subia a Serra atrás do frei Chico. Ele, todo solícito, me recebia sorridente no parlatório do convento.

— Chico, vim me confessar. Me masturbei pensando em Marilyn Monroe e vendo as fotos do concurso Miss Brasil.

Impelido pela risada, o frade cearense tombava a cabeça para trás:

— Pecado é oprimir, sonegar salário, humilhar o pobre, roubar do necessitado, discriminar negro ou indígena. Você não deve sentir culpa por apreciar o que Deus não teve vergonha de criar.

* * *

Frei Chico e frei Mateus Rocha, gurus da JEC de Belo Horizonte, promoviam uma revolução copernicana em nossas cabeças. Deslocavam o senso de pecado pessoal para o social, aposentavam o Deus moralista, juiz implacável, e introduziam o Deus amoroso, misericordioso, e o Jesus solidário aos pobres. Faziam-nos trocar as obras ascéticas de Monsenhor Thiamer Toth pela ficção de Dostoiévski e a filosofia personalista de Emmanuel Mounier.

Se éramos portadores de valores cristãos, por que não criar uma sociedade fundada neles? Isso significava conquistar o poder. Como a religião, o poder é "uma faca de dois legumes", dizia Fernando Sabino. Serve para oprimir ou libertar.

Para estudantes secundaristas, o poder consistia em dominar a entidade estudantil. Para universitários da JUC, em se apoderar da UNE. A Umes-BH estava em mãos dos pelegos de direita, que também dominavam a UCMG, entidade representativa dos estudantes de ensino médio de todo o estado. Defendiam os interesses das escolas particulares. Nós, da JEC, os das escolas públicas.

Em defesa da escola pública, lutávamos arduamente contra o Projeto da Lei de Diretrizes e Bases da Educação

Nacional, capitaneado pela deputada Sandra Cavalcanti, súdita de Carlos Lacerda, governador da Guanabara, hoje Rio de Janeiro.

Nisso coincidíamos com a posição da Juventude Comunista, vinculada ao PCB. Cristãos e comunistas de mãos dadas? Horrorizavam-se os padres dos colégios religiosos. A fé e o ateísmo lado a lado? Indignavam-se os carolas.

Em dobradinha com os comunas, conquistamos a Umes-BH, com a JEC na cabeça de chapa: Tomaz Aroldo da Mota Santos (futuro reitor da UFMG) na presidência e eu como primeiro vice-presidente, em 1961. Aos 16 anos.

* * *

Naquele ano, Jânio Quadros fora eleito presidente do Brasil. O aloprado. Sob promessa de varrer a corrupção do país, o bruxo se elegeu montado em uma vassoura, símbolo de sua campanha. Histriônico, proibiu brigas de galos, uso de biquíni nas praias, e adotou o bizarro *slack* como traje presidencial, aposentando o terno e a gravata. Passava as tardes vendo filmes no Palácio da Alvorada, enchendo a cara de uísque. Ousou condecorar Che Guevara com a *Ordem do Cruzeiro do Sul*, a máxima insígnia brasileira, e visitou Cuba revolucionária.

Desembarcou em Havana logo após uma crise política. Fidel havia liderado a vitória da Revolução dois anos antes, em 1959. Preferiu não ser encarado como oportunista e abriu mão da função de chefe de Estado. Deixou-a a Manuel Urrutía. Fidel ficou como primeiro-ministro.

Porém, Urrutía vacilou. O povo, nas ruas, exigiu que Fidel assumisse o poder. Ele continuou com mais poderes no cargo de primeiro-ministro, e Osvaldo Dorticós foi empossado Presidente.

Sem considerar as diferenças de conjunturas, Jânio viu naquilo uma inspiração para dar um golpe e passar a governar o Brasil com plenos poderes. Na volta à Brasília, com apenas sete meses de governo, renunciou à presidência da República. Achou que o Congresso não aceitaria sua carta-renúncia, na qual se dizia vítima de "forças ocultas". Acreditou que aqui também o povo iria às ruas exigir que ele reassumisse.

O povo ficou perplexo. E Jânio à deriva, enquanto o poder era assumido por uma Junta Militar... que pegou o gostinho e, três anos depois, derrubou João Goulart, vice de Jânio, e implantou a ditadura que se prolongou por 21 anos.

Houve pouca reação popular à renúncia de Jânio. Em Belo Horizonte, foi organizada pela Umes e uns poucos sindicatos. Tomaz Aroldo se escafedeu. Assumi o comando da entidade. Jânio renunciou na manhã de 25 de agosto de 1961.

À noite, trepado no obelisco da Praça Sete – obelisco erguido no ponto mais central da capital mineira –, eu conclamava alunos dos cursos noturnos a se mobilizarem pela volta de Jânio à presidência, em defesa da legalidade e da democracia.

Eu também era aluno de curso noturno, no Colégio Municipal. Logo, a praça foi cercada pela cavalaria do Exército. Pela primeira vez, respirei gás lacrimogêneo. Meus olhos ardiam. Consegui escapar da sanha repressiva e me meti no ônibus que me levou à escola.

O Colégio Municipal abrigava, à noite, alunos que trabalhavam durante o dia. Havia tolerância quanto à pontualidade. Podia-se entrar em classe na segunda aula ou sair antes que terminasse a última. Muitos colegas já tinham passado da idade adequada ao período escolar. Eram pais ou mães de família.

Na hora do recreio, decidi ir embora. Para minha surpresa, o portão se encontrava fechado. Ordens do diretor, informou o porteiro. Fui ao professor Guilherme Azevedo Lage, o diretor. Recebeu-me de cara fechada.

— Preciso sair, professor.

— Só após o término das aulas.

— Tenho de sair. Hoje é meu aniversário. Faço 17 anos e há comemoração em minha casa.

Ele se levantou irritado:

— Pensa que sou bobo!? Sei muito bem que você quer ir pra rua promover agitação. Ninguém sai antes do fim das aulas. São ordens do Exército.

— Se duvida de minha palavra, consulte a minha ficha.

O diretor abriu o arquivo de aço que ocupava todo o fundo da sala. Puxou a ficha e leu os dados. Virou-se pra mim desapontado:

— Meus parabéns. Pode ir.

* * *

Tornei-me precocemente um militante, movido a fé, idealismo e utopia. Lembro que, nos meus 20 anos, o professor Cândido Mendes de Almeida, em reunião da Ação Católica, me alertou:

— Se você não reduzir sua atividade, aos 40 anos terá o cansaço dos 60.

Cheguei aos 60 com o pique dos 20.

Hoje, ao completar 80 anos e publicar este livro, sou oficialmente idoso. Velho. Muitos abominam este adjetivo. Figura, hoje, na lista de vocábulos politicamente incorretos.

Chamar alguém de velho é dizer "você, cara, está com os pés na cova. Mais pra lá do que pra cá."

E você, leitor(a), sabe tanto quanto eu que ninguém está a fim de bater as botas. Nem os suicidas. No teatro da vida, o suicida se refugia nos bastidores para entrar no palco. Ao dar fim à existência, deixa bem claro: "Ei, pessoal, prestem atenção em mim." Dá uma banana para o mundo. Pula fora do barco. "Parem a Terra. Quero descer." Como ela não para, o suicida faz o que a gente, quando garoto, fazia em Belo Horizonte, cujas ruas eram recortadas de trilhos de bondes: salta do veículo em movimento.

Gosto do termo velho. Quando eu era criança, seu uso nada tinha de incorreto. Meu pai vira e mexe me dizia: "Levanta daí e dá lugar aos mais velhos." Ninguém se ofendia. Pelo contrário, o velho ficava feliz.

Hoje inventam eufemismos. Melhor dizer "terceira idade" ou "melhor idade". No máximo, idoso. É como chamar prostituta de mulher da vida.

Vi outro dia uma van carregada de velhinhos. Devia ser de algum asilo com vergonha de se chamar asilo. Disfarçava-se com nome de Casa de Convivência ou coisa parecida. Na lataria vinha escrito: "Aqui vai a turma da dign/idade". Vai ver que entre eles havia algum corrupto. Sei lá. Isso não vem ao caso.

Se é para inventar eufemismo, tenho uma proposta lexicamente correta: a turma da eterna idade. Porque estamos mais próximos dela.

Quando eu era criança, isso incluía a faixa etária de zero a 11 anos. Adolescente, de 11 a 18. Jovem, de 18 a 30. Adulto, de 30 a 50. E acima dos 50 – velho!

Hoje, às vezes tenho impressão de que é criança quem tem de zero a 20 anos. Vive na casa dos pais e deles depende para quase tudo. Adolescente, de 20 a 40 – idade em que a pessoa não sabe bem o que pretende na vida. Muda de curso, casa, descasa, faz ioga hoje e pilates amanhã. Está sempre preocupada com o rumo a dar na vida. Jovem, a partir dos 40 – 70, 80, 90...

Ninguém mais se sente velho. Já dá pra morrer jovem aos 100 anos. Infelizmente ainda não dá pra evitar a morte. Mas tem uns gringos confiantes de que a ciência chegará lá. Até pagam uma nota preta para manterem seus cadáveres congelados. Esperam a qualquer hora serem retirados do freezer e voltar ao nosso convívio.

Felício, meu vizinho, me contou outro dia: "Meu avô morreu semana passada, com 91 anos, mas com tudo em cima, saradão, sem uma celulite."

Haja plásticas, botox, anabolizantes, academias e... viagra!

Já que não dá para reduzir o ritmo da natureza, que dia a dia nos envelhece, então se procura camuflá-la. Resta recorrer aos cosméticos! Repare bem na fila dos idosos no banco. Difícil ver um de cabelos brancos. Tudo tinturado. As mulheres até que o fazem com certo decoro. Tem uns coroas que... pelo amor de Deus! Ridículos com aqueles cabelos acaju. Mais parece peruca feita com polpa de abóbora.

Em mulheres nem sempre caem bem plásticas e botox. As faces ficam deformadas de tão lisas. As bochechas, esticadinhas sobre o pescoço enrugadinho. Ou então tudo ganha proeminência: lábios, maçãs do rosto, contorno dos olhos. Parecem ter colocado uma máscara. Só falta escrever na testa: "Mantenha seus olhos à altura dos meus." Porque se você baixar os olhos e der uma conferida no pescoço e nas mãos...

Mais ridículo ainda é quando a velha ou o velho decide se vestir como jovem. É como gravar a marca Ferrari num calhambeque. Não dá nem pro arranque.

Minha avó paterna decidiu se despedir da vida aos 96 anos. Disse que já tinha vivido o bastante, São Pedro havia perdido a ficha dela, não sairia mais da cama. E assim foi. Percebia-se que estava viva pela respiração e pelo correr das contas do terço entre seus dedos. Não queria conversa nem assistir à TV. Não comia, só tomava sucos.

Certo dia, minha mãe, de papo com minha tia ao lado da cama, perguntou como se faz para reduzir a baba do quiabo. Sem abrir os olhos, minha avó opinou:

— Põe umas gotinhas de limão.

Morreu quatro meses depois.

Ouvi dizer que na Holanda há uma lei que obriga o prefeito a entregar flores a cada cidadão que, no município, completa 100 anos. Querem revogá-la. Muitos prefeitos já não fazem outra coisa senão levar flores...

* * *

Descobri que havia ficado velho quando pessoas de mais de 45 anos passaram a me tratar por "senhor". A idade provecta tem suas vantagens: metrô e ônibus grátis, fila especial no banco, desconto no ingresso do cinema e do teatro...

Ruim é ter de ir ao médico com mais frequência. E fazer exames meio chatos.

Outra coisa ruim é se deparar com as limitações do corpo. Já não danço nem nado com a mesma agilidade de outrora.

Mas sou grato por ter vivido tanto. Uma cartomante previu, quando eu tinha 32 anos, que não passaria dos 57.

Estou no lucro. E não tenho segredos. Faço meditação, caminho, mantenho moderação à mesa e evito aflições. Procuro gostar do que faço e fazer o que gosto. E dispor de mais tempo para fazer o que me traz felicidade: orar, escrever, curtir os amigos.

Aristóteles considerava a amizade a primeira condição para uma vida feliz.

Sei que tem gente que se sente feliz por possuir uma gorda conta bancária, casa de praia, fazenda com cavalos, joias, poder, fama...

A mim basta cultivar a vida espiritual e intelectual (neste caso, mais especificamente a literária) e jogar papo fora com os amigos. Nem o poder me seduz, dentro ou fora da Igreja. Na Igreja, não posso almejar nenhuma função eclesiástica. Como não recebi o sacramento da Ordem e, portanto, não sou sacerdote, fico na condição de "soldado raso", como religioso leigo. A rigor, sou irmão cooperador. O que muito me honra e agrada.

Na vida civil, participei de três instâncias de poder: na direção (colegiada) da Ação Católica Brasileira (1962-1964); chefe de reportagem da *Folha da Tarde* (1968); e assessor especial do Presidente Lula (2003-2004) para a mobilização social do Programa Fome Zero.[2] Gostei mas não me encantei.

Prefiro esta sadia loucura: o direito de ser normal.

---

2 Detalhes de minha passagem pelo governo federal nos livros *A mosca azul – reflexão sobre o poder* e *Calendário do poder*, ambos editados pela Rocco.

Por que sou escritor

CONHECI TADEU MORAÇABA em Belo Horizonte, nos tempos em que repórteres e editores confraternizavam, todo fim de tarde, na Gruta Metrópole, na rua da Bahia. Seu sonho: ser reconhecido como escritor.

Há anos se empenhava em redigir seu primeiro romance, convencido de que, assim, passaria a integrar essa galáxia de seres inteligentes e criativos que, sem medo do ridículo, se dão inclusive o direito de se celebrarem como imortais.

Tadeu Moraçaba tinha certeza: tivesse nascido em Paris, em 1780, ou em São Petersburgo, em 1840, não ficaria horas debruçado sobre a máquina de escrever à espera de inspiração.

Há escritores que, como Dante Alighieri, são, antes de tudo, seus principais personagens. Já nascem em épocas e lugares imantados de clima literário. Tadeu Moraçaba acreditava que, para James Joyce, deve ter sido fácil deixar fluir o enredo de Ulisses que, como uma onda de calor que se desprende do chão, emergia das ruas de Dublin!

Dostoiévski encontrou na Rússia czarista, que o levou a amargar quatro anos de cárcere, o cenário adequado às suas histórias. Émile Zola escrevia como um experiente orador político derrama sua verve indignada sobre fatos que envergonham a espécie humana.

No entanto, Guimarães Rosa precisou regressar ao sertão de Minas e travestir-se de vaqueiro para criar Diadorim. Em Minas, a literatura é sofrida, fruto da tenacidade de poucos que ousam romper o misterioso silêncio de suas montanhas.

Em Minas, a arte é bela e muda, como os profetas de Aleijadinho. No máximo, o lamento gutural, monocórdio, teluricamente gregoriano do canto de Milton Nascimento.

Minas se espelha na timidez uniformizada dos coretos de praça. Nada de orquestras ou sinfônicas. Na literatura, meia dúzia de obras por autor já é um luxo. Nada de estranho, portanto, que Augusto dos Anjos tenha se abrigado em Minas para escrever um único poema, "*Eu*", suficiente para fazê-lo figurar entre os mais talentosos poetas brasileiros. Fernando Sabino ficou conhecido como autor de *O encontro marcado*.

Tadeu Moraçaba experimentava as mesmas dores de parto, agravadas por sua sólida convicção de que seria o Balzac ou o Hemingway da literatura mineira.

A última vez que nos vimos foi no Restaurante Scotellaro, onde se comia um delicioso filé com feijão tropeiro. Perguntei-lhe pelo romance. Lamentou não conseguir dar prosseguimento. Perfeccionista, mais rasgava laudas do que criava. Indaguei há quanto tempo trabalhava no texto:

— Seis anos.

— Seis anos!?

— Sim, e acho pouco. Quero personagens tão elaborados quanto os que trafegam nas páginas de Thomas Mann ou Steinbeck. Almejo uma figura tão universal quanto Dom

Quixote e Eugene Oneguin. A igreja do Pilar, em Ouro Preto, levou vinte anos para ser construída. Marguerite Yourcenar demorou vinte e sete para escrever *Memórias de Adriano*, e Goethe quase sessenta para terminar *Fausto*. Não tenho pressa.

De fato, ninguém acreditava no talento literário de Tadeu Moraçaba. Era considerado um jornalista medíocre, editor adjunto de política. Seu texto era prolixo e arrastado. Quando repórter, redigia em cinco laudas o que caberia em três.

Convencido do próprio talento, Tadeu Moraçaba tomava como ofensa o fato de os editores não darem destaque às suas matérias. Afinal, passou a considerar o jornalismo uma atividade menor, necessária para garantir-lhe o salário e permitir que, em casa, se dedicasse à elaboração de sua obra-prima.

Tinha tudo planejado: cinquenta capítulos, oitocentas laudas.

— Livro fino não provoca impacto. O exemplar tem de ficar de pé na mesa e a lombada chamar a atenção na estante - dizia.

Mantinha em seu quarto-escritório-biblioteca, próximo à estação rodoviária, o organograma completo do romance, acompanhado do gráfico da complexa trama entre os personagens.

Perguntei se lia muito. Retrucou que era mais escritor do que leitor. E apelou para Rimbaud que, aos 19 anos e, segundo ele, com pouca leitura, havia criado o clássico *Uma estação no inferno*, dando-se ao luxo de encerrar sua carreira literária aos 32.

Tadeu Moraçaba sofria de ansiedade autoral, essa síndrome que toma conta de quem mais almeja ser publicado do que criar uma obra literária consistente. Nunca tive acesso aos originais do romance. Não tenho ideia se logrou terminá-lo.

Passamos muitos anos sem nos ver. Agora soube que o encontraram morto na pensão em que morava. Do lado da cama, uma lixeira com papéis queimados. Junto, um bilhete: "Obra completa de Tadeu Moraçaba."

* * *

Sem partilhar da obsessão de Tadeu Moraçaba, desde criança eu sonhava em ser escritor. Meu pai, Antônio Carlos Vieira Christo, colaborou com os principais jornais de Belo Horizonte ao longo de 40 anos. Escrevia crônicas. Minha mãe, Maria Stella Libanio Christo, publicou seis livros de culinária, entre os quais se destaca o clássico *Fogão de Lenha – 300 anos de cozinha mineira*.[3]

Na minha cabeça, tornar-me escritor estava muito acima de minhas possibilidades e capacidade. Como muitos adolescentes, escrevia contos, crônicas, poemas. E lia muito. Havia em casa sortida biblioteca. Meu pai tinha duas manias de compras: padaria e livraria.

Na prisão, eu escrevia cartas: aos parentes, confrades, amigos. Maria Valéria Rezende reuniu quase todas que enviei nos dois primeiros anos de meu encarceramento, deu à Linda Bimbi em Roma, e a editora Mondadori publicou sob o título *Nos subterrâneos da história*.

---

3 Editora Garamond, Rio. Livraria virtual: freibetto.org.

De escritor, os generais brasileiros fizeram de mim um autor.[4]

Esta a força da literatura sob ditaduras: traduzir o sofrimento das vítimas e dialogar com elas. Dar voz a quem foi silenciado. Dar vida a quem morreu assassinado. Não nasce da encomenda do poder, e sim do grito parado no ar, da garganta sufocada, do sentimento reprimido, da oceânica vocação humana à liberdade. É literalmente uma escrita subversiva, que corre "por baixo" e projeta luz crítica sobre o que se passa "por cima".

Dois textos clássicos redigidos e divulgados sob regimes autoritários são os *Evangelhos* e o *Apocalipse*. Foram escritos sob o Império Romano. E expressam a visão das vítimas, a partir daquela que mais se destacou – Jesus de Nazaré, preso, torturado e condenado à pena de morte romana, a cruz.

Na história universal da ignomínia figuram escritores perseguidos por tiranias: o apóstolo Paulo, condenado ao cárcere; Dante, ao exílio; Galileu, à abjuração; Campanella, à masmorra; Giordano Bruno, à fogueira; Dostoiévski, ao fuzilamento.

Figuram também padre Antônio Vieira, visado pela Inquisição, e Cervantes, aprisionado pelos mouros na Argélia. E ainda Gorki, Trotsky, Gramsci, Primo Levi e Soljenítsin. E Cláudio Manoel da Costa e Tomás Antônio Gonzaga; Graciliano Ramos e Jorge Amado; Monteiro Lobato e Mário Lago. E mais recentemente, Augusto Boal, Flávia Schilling, Fernando Gabeira, Renato Tapajós e Maurice Politi, entre

4 De minha passagem pela prisão resultaram *Cartas da prisão* (Companhia das Letras), *Batismo de sangue* (Rocco), *Diário de Fernando – nos cárceres da ditadura militar brasileira* (Rocco). Em parceria com Ivo Lesbaupin e Fernando de Brito, *O canto na fogueira* (Vozes). E meu primeiro romance, *O dia de Angelo* (Brasiliense).

tantos outros que, na literatura, registraram suas memórias do cárcere ou do exílio.

As memórias do *Subterrâneos da liberdade*, na expressão de Jorge Amado, da perseguição ou do exílio, são feitas de fragmentos, diários inconclusos, cartas censuradas, romances nos quais a ficção é apenas um artifício para melhor traduzir a realidade.

Elas têm tríplice finalidade: a primeira, terapêutica, permitir ao autor organizar minimamente seu caos interior e, na medida do possível, objetivar seu sofrimento, aplacar suas dores.

Fazer literatura, como sugeria Ferreira Gullar, é traduzir-se, traduzir a vertigem em linguagem, transformar o caos em cosmo.

A segunda finalidade consiste em denunciar a opressão, a ditadura, desvelar sua face cruel, monstruosa, que sequer admite a liberdade de opinião. Por fim, produzir obra de arte, transmutar o real, abrir olhos e mente dos leitores para outras dimensões e nuances do terror, como são exemplos notáveis a *Recordação da casa dos mortos*, de Dostoiévski e, aqui no Brasil, *Memórias do cárcere*, de Graciliano Ramos.

Como afirmou Augusto Roa Bastos, pela boca do ditador Francia, no célebre romance *Eu, o supremo*, "escrever não significa converter o real em palavras, mas sim fazer que a palavra seja real."

* * *

Produzir uma obra literária não é fácil.

Nesse mundo atordoado, notícias e informações nos perseguem em todos os cantos e recantos. Solicitações se multiplicam. As inovações tecnológicas parecem ser as pessoas e nós, as coisas. Como se fôssemos obrigados a responder a elas a cada momento.

Retirar-se, recolher-se à solidão, estar consigo mesmo, é uma exigência espiritual e intelectual. Muitos indígenas o fazem ao passar da adolescência à idade adulta. Os esportistas se concentram nos dias precedentes a jogos e disputas.

Se logro produzir tantos artigos e livros (78 títulos em 53 anos), não é devido à equipe de fradinhos que, como sugere Ricardo Kotscho, ocupa-se no porão do convento a redigir, dia e noite, textos que assino. É graças a retiros literários.

Reservo pelo menos 120 dias do ano à criação literária. Evito a agitação urbana e mantenho o celular desligado e a ansiedade contida.

Escrever, como diria Thomas Edison, não é mera questão de inspiração, e sim de transpiração. João Ubaldo Ribeiro opinava que a melhor inspiração é um fornido cheque do editor...

Para criar há que ralar. Ter a disciplina de renunciar a convites, festas, atrações, viagens. E dedicar-se seriamente ao trabalho de ler, escrever e pesquisar. Basta abrir as correspondências de Balzac e Flaubert para se ter uma ideia de como se entregavam ciosamente ao ofício literário.

Ah, quantas narrativas jamais nos chegarão por terem ficado retidas na imaginação de escritores que não se empenharam em virar autores! Quantas obras-primas literárias sorvidas em tulipas de chope nos bares da noite!

A preguiça é um dos sete pecados capitais. Nome inadequado. Nada a ver com sombra, água fresca e jornal sem letras. Prefiro o termo sugerido pelo monge Cassiano (370-435): acídia, latinização do grego acédia.

Acídia é o desânimo de cultivar a vida espiritual e intelectual: orar, ler, escrever.

Esta a importância do retiro literário: distanciar-se do burburinho cotidiano, livrar-se por uns dias da hipnose televisiva e do magnetismo cibernético, deixar o celular desligado e conectar-se ao silêncio, ao íntimo de si mesmo, para escutar melhor a voz interior e, assim, dilatar a capacidade de criar.

Muitas vezes a resistência em retirar-se deriva do medo inconfessado de encontrar a si mesmo. De escutar a própria intuição, ouvir a voz do silêncio. É semelhante à resistência à terapia. Assim como há quem julgue que "é para loucos", há quem considere que retiro "é para monges".

Tenho amigos com imensa dificuldade de desconectar--se do dia a dia. São compulsiva e compulsoriamente antenados em tudo. Na verdade, ficam ligados no varejo. Não conseguem se debruçar sobre o atacado. Deixam escapar por entre os dedos os talentos que possuem. Tornam-se, assim, presas fáceis da ansiedade e vítimas do estresse. Alguns são propensos ao infarto, pois sequer conseguem mastigar devagar o que ingerem.

Para o artista, retirar-se é imprescindível. A criação exige distanciamento. Krajcberg refugiava-se no sul da Bahia.

Manoel de Barros, numa fazenda do Mato Grosso. Adélia Prado, em Divinópolis (MG). João Gilberto se impunha uma reclusão monástica em seu apartamento no Rio.

Talvez por isso Javé, em sua sabedoria, tenha primeiro criado a luz e, por fim, os seres humanos... Nossa excessiva tagarelice prejudicaria a obra da Criação. E como narrador invisível, Deus prefere ser conhecido por sua palavra e obra. Assim como nós, atuais leitores, conhecemos Camões, Cervantes e Machado de Assis.

* * *

Por que a literatura de ficção possui tanta força?

Como sublinhava meu amigo Bartô - Bartolomeu Campos de Queirós -, tudo que existe – esta publicação, o computador, a cadeira em que me sento, o cômodo no qual trabalho – foi fantasia na mente humana antes de se tornar realidade. Daí a força da literatura de ficção.

Também ela foi fantasia na mente do autor, e remete o leitor a uma realidade onírica que lhe possibilita encarar a vida com outros olhos. A fantasia impulsiona todos os nossos gestos, atitudes e opções.

A ficção funciona como um espelho que faz o leitor transcender a situação em que se encontra. O texto desvela o contexto e impregna o leitor de pretextos, de motivações que o enlevam, aquele entusiasmo de que falavam os gregos antigos - estar possuído de deuses, de energias anímicas que nos devolvem ao melhor de nós mesmos.

Toda ficção, narrativa ou poética, é descobrimento, revelação. Somos múltiplos e, ao ler, uma de nossas identidades emerge por força do encantamento suscitado pela quintessência da obra ficcional: a estética.

A literatura ficcional não tem de ser de esquerda ou de direita. Tem que ser bela. Fazer da ficção um palanque de causas é aprisioná-la numa camisa de força e transformá-la num espelho que não reflete o leitor, apenas o autor e seu proselitismo.

A ficção não tem de ser engajada. O escritor sim, tem o dever ético de se comprometer com a defesa dos direitos humanos neste mundo tão conflitivo e desigual.

O prólogo do *Evangelho de João*, um dos textos mais poéticos da Bíblia, só comparável ao *Cântico dos Cânticos*, diz que "o Verbo se fez carne". Na arte literária, a carne – a criatividade do autor – se faz verbo. Instaura a palavra, que organiza o caos.

No *Gênesis*, Javé cria o Universo pelo poder da palavra. Ele se faz palavra, manifestação que nos remete, como na obra ficcional, à transcendência (o autor sobrepassa o trivial ou lhe imprime novo caráter), à transparência (o texto reflete o que está contido nas entrelinhas), à profundência (a narrativa ou o poema nos convida a algo mais profundo do que percebemos na superfície da realidade).

Ler uma boa ficção é uma experiência extática – estar em si e fora de si. Somos alçados ao imaginário, induzidos à experiência da catarse, de modo a oxigenar a nossa psiquê. A estética nos imprime um novo modo de encarar as coisas. Como lembra Mário Benedetti, a literatura não muda o mundo, mas as pessoas. E as pessoas mudam o mundo.

A estética literária nos envia ao não dito, à esfera do desejo, suscitando-nos sonhos, projetos, utopias - do encontro com o príncipe encantado (*Cinderela*) ao reencontro amoroso com a opressiva figura do pai (*A metamorfose*, de Kafka, e *Lavoura arcaica*, de Raduan Nassar).

Como assinala Aristóteles, a poética completa o que falta à natureza e à vida. A arte não se satisfaz com o estado factual do ser. Convida-nos à diferença, à dessemelhança, ao tornar-se.

Suscitar em crianças e jovens o hábito da leitura é livrá-los da vida rasa, superficial, fútil, e educá-los no diálogo frequente com personagens, relatos e símbolos que haverão de dilatar neles a virtude da alteridade, de uma relação mais humana consigo mesmo, com o próximo, com a natureza e, quiçá, com Deus.

* * *

Embora a música seja, em minha opinião, a mais sublime das artes, a literatura é a mais sagrada. Deus a escolheu para, por meio dela, se revelar a nós. Escolheu uma escrita, a semítica, e um gênero próximo da ficção, pois em toda a Bíblia não há uma única aula de teologia, um ensaio doutrinário, um texto conceitual. É toda ela uma narrativa pictórica – vê-se o que se lê.

Os livros bíblicos reúnem uma sucessão de fatos históricos e alegóricos (parábolas, metáforas, aforismos), entremeados de genealogias, axiomas, provérbios, poemas (*Cântico dos Cânticos* e *Salmos*) e detalhes técnicos e ornamentais (a construção do Templo cf. *2 Crônicas*).

Como frisa Herbert Schneidau, a Bíblia pode ser considerada "prosa de ficção historicizada". Historicizada porque se distancia do universo das lendas e dos mitos, embora haja matéria-prima lendária subjacente ao *Gênesis* no relato sobre Davi, na saga de Jó e em parte dos *Livros dos Reis*.

Os autores bíblicos se afastaram, deliberadamente, do gênero épico (Homero e Virgílio), o que se explica pela rejeição do politeísmo. O que impregna a escrita bíblica é o senso de historicidade. Rompe com a circularidade do mundo mitológico e apresenta-nos um Deus que tem história: Javé, o Deus de Abraão, Isaac e Jacó.

A historicidade se faz presente na descrição dos seis primeiros dias da Criação, antes do surgimento daquele que viria a ser considerado o protagonista do processo histórico: o ser humano. Há uma evolução simbolizada na sucessão dos seis dias.

* * *

O que faz de nós imagem e semelhança de Deus é a capacidade de amar e a linguagem. Todo artista é clone de Deus. A escrita é terapêutica, libertadora.

Hélio Pellegrino, psicanalista, atribuía a minha sanidade mental no decorrer de meus anos de prisão ao fato de eu ter literalizado a vida de cadeia. O meu mundo é recriado quando lanço mão de vocábulos e regras sintáticas para dar forma e expressão ao que penso e sinto. Assim, transubstancio a realidade, projeto-me em algo que, fora de mim, não sou eu e, no entanto, traduz o meu perfil interior de um modo que eu jamais conseguiria pela simples fala.

A escrita constitui uma forma de oração, como bem sabia o salmista. A experiência de Deus antecede e ultrapassa a escrita. No entanto, o pouco que dela se sabe é por meio da escrita; raras vezes por experiência pessoal. Grandes místicos, como Buda, Jesus e Maomé, nada escreveram. O que sabemos deles e de seus ensinamentos é graças a quem teve o trabalho de redigir.

Ainda que o próprio místico possa fazê-lo, como são exemplos Plotino, Mestre Eckhart, Teresa de Ávila, João da Cruz e Charles de Foucauld, há momentos em que a experiência de Deus ultrapassa os limites da palavra. É inefável. Como diz Adélia Prado, "Se um dia puder, nem escrevo um livro" (*Círculo*). "Não me importa a palavra, esta corriqueira, / Quero é o esplêndido caos de onde emerge a sintaxe, / A palavra é disfarce de uma coisa mais grave, surda-muda / foi inventada para ser calada. / Em momentos de graça, infrequentíssimos, / se poderá apanhá-la: um peixe vivo com a mão. / Puro susto e terror (*Antes do nome*).

Tomás de Aquino considerou, após seu êxtase em Nápoles, que toda a sua obra não passava de "palha". E não mais escreveu. João da Cruz, patrono dos poetas espanhóis, deixou três de seus quatro livros inacabados.

Há no enfoque adeliano uma empatia com o poema *Ash-Wednesday* (*Quarta-feira de Cinzas*), de T.S. Eliot, escrito em 1930, três anos após a conversão do poeta ao Cristianismo. Na quinta parte, Eliot canta que "a palavra perdida se perdeu", "a usada se gastou", mas perdura no "Verbo sem palavra, o Verbo. Nas entranhas do mundo".

Toda poesia de qualidade é polissêmica. É verso que faz emergir nosso reverso. É canto que encanta, desdobra em múltiplo o nosso ser e nos induz a encontrar aquela pessoa que realmente somos. E, no entanto, em nós reside como um estranho que provoca temor e fascínio.

É à poesia que o apóstolo Paulo recorre quando, no discurso no Areópago (*Atos dos Apóstolos* 17, 28), expressa a nossa ontológica e visceral união com Deus: "Nele vivemos, nos movemos e existimos, como alguns dos vossos, aliás, já disseram: 'Porque somos também de sua raça'".

Trata-se de uma citação livre da obra *Fenômenos*, de Arato, poeta que viveu na Cilícia no século III a.C. O texto originário é: "Comecemos com Zeus, de quem nós, mortais, nunca deixamos de lembrar. Porque toda rua, todo mercado está cheio de Zeus. Mesmo o mar e o porto estão cheios da divindade. Em todo lugar, todo mundo é devedor a Zeus. Porque somos, na verdade, seus filhos... (*Phaenomena* 1-5)."

Escrever é a minha sina.

Prisão sob a ditadura militar

SOU CADEEIRO. OS milicos me trancafiaram duas vezes. A primeira, à raiz do golpe, 6 de junho de 1964. No Rio. Eu dormia a sono solto. Senti algo duro a me apertar as costelas. Abri os olhos. Um cara me espetava os flancos com a ponta da metralhadora. Só podia ser pesadelo. Quatro horas da manhã. Virei de lado à procura do sono. O cara gritou:

— De pé! Mãos na cabeça, seu comunista filho da puta!

Os agentes do Cenimar reviraram o apartamento. Só havia roupas e papéis. Recolheram todos os livros e levaram conosco. O "nosco", no caso, era toda a direção nacional da JEC e da JUC, uns dez rapazes.

A ordem – soubemos depois – era apreender toda literatura marxista. Como os agentes não tinham cultura suficiente para discernir o que cheirava a comunismo do resto, optaram pela solução mais simples: carregaram tudo.

Basta dizer que proibiram a entrada na prisão de uma obra que, segundo eles, falava de Cuba: *O cubismo*.

Fomos conduzidos ao Arsenal da Marinha, no centro do Rio. Aquela havia sido a madrugada do arrastão da Ação Popular. Militantes da AP foram presos em todo o Rio de Janeiro. Não éramos da AP. Éramos da AC. Ora, para a milicada não havia diferença nem de uma letra entre Ação Popular e Ação Católica. Tudo farinha do mesmo saco.

Ficamos trancados em uma sala grande. Pilhas de livros por todo canto. A mais fantástica biblioteca que eu jamais vira. Receio que tudo tenha virado cinzas.

Após os interrogatórios sob porradas, fomos levados para a Ilha das Cobras, ao Quartel dos Fuzileiros Navais, a tropa de elite da Marinha. Ficamos na ala prisional. Lá pelas tantas entrou um oficial em impecável uniforme branco. Parecia prestes a fazer a Primeira Comunhão. Mandou abrir as celas. Reuniu todos os prisioneiros no corredor. Voz altissonante, anunciou:

— Como os senhores têm curso superior, serão tratados como oficiais.

Pouco depois serviram o almoço. Fuzileiros se vestiam de garçom da cintura para cima. Nas bandejas, filé mignon a cavalo e pêssego em calda de sobremesa. Estranho o tratamento vip. Seríamos fuzilados em seguida?

Mais tarde vim a saber a razão de tanta mordomia. Sob o governo João Goulart, o comandante dos Fuzileiros Navais era o vice-almirante Cândido Aragão, que se opôs ao golpe. Fizera a cabeça de seus subordinados. Fora preso, mas a semente plantada por ele dera algum fruto ali.

* * *

Prisão é batismo de fogo. O cara comete crime ou pratica a subversão até ir em cana. Então todos ficam sabendo que contrariou a lei e as autoridades. Longe de se arrepender, ele se sente como quem desafiou o poder. Agora, é persistir na ilegalidade...

Mergulhei de cabeça na subversão. Queria dar fim à ditadura. Me liguei ao Marighella. Nunca peguei em armas. Participava do movimento estudantil, fazia do jornal em que trabalhava, a *Folha da Tarde*, órgão oficioso da esquerda, e dava apoios: esconder pessoas, guardar material, passar companheiros procurados pela polícia pelas fronteiras do Brasil com Argentina e Uruguai.

Fui em cana de novo em novembro de 1969. Acusado de "terrorismo".

Prisão é uma merda. Além da perda de liberdade, a comida é ruim, os carcereiros humilham, as visitas são restritas, cartas e livros passam pela censura etc. Havia, entretanto, uma coisa boa: podia-se falar mal do governo sem o perigo de ser preso.

Outra coisa positiva: o tempo. Enorme. Um dia durava quarenta e oito horas. Dava pra fazer ioga, ginástica, meditação, escrever cartas, ler aos montões. Dava até para perder tempo discutindo com os comunistas se Deus existe e se há vida após a morte.

Um dia me esquentei:

— Olha aqui, pessoal. Nada de papo transcendente. Já chega! Vamos discutir a fome, a revolução, o socialismo. As coisas aqui da Terra.

— Mas estou a fim de entender esse negócio de fé – disse um comuna.

— Estou fora – reagi. — Mas não se preocupe. Tenho tanta certeza de que vocês vão para o Céu, que lá teremos toda a eternidade para discutir religião. Agora vamos tratar da realidade aqui na Terra.

A pior inimiga do preso é a imaginação, a "louca da casa", segundo Teresa de Ávila. Se bobear, se escafede pelas grades e voa horrores. E o preso paga o pato: corpo lá dentro e cabeça aqui fora...

Quando fiquei trancado em celas solitárias, tratei de manter a cabeça também engaiolada. Imaginei apenas uma sala de aula repleta e eu ali, em voz alta, dando lições do que sei e não sei. Os carcereiros pensaram que eu havia enlouquecido. Eu evitava a loucura ao organizar o raciocínio.

* * *

Cada um de nós constrói um padrão de vida. E há quem pense assim: "Já que sou livre e saudável, conquistei um bom salário, carro e casa própria, só me cabe melhorar de nível."

Súbito, a vida nos dá uma rasteira. Daquelas de bater com a boca no chão. Surge uma doença, ficamos desempregados, somos obrigados a morar em casa de parentes... A cabeça entra em parafuso. Pinta um sentimento de frustração. Até depressão. Haja terapia!

O problema não está em nós. Está no maldito padrão que estabelecemos. Como se a vida não engatasse marcha a ré de vez em quando.

A prisão ensinou a me libertar desses padrões. Entre grades ou doente, desempregado ou preterido, o desafio é sempre imprimir sentido ao existir. Ai de mim se coloco minha felicidade no cabide dos bens finitos, como dizia o professor Milton Santos. Valem os bens infinitos.

Nada pior do que, na velhice, ficar à espera da morte, ocupando o dia com atividades que nem enriquecem o espírito nem aprimoram a consciência, como assistir à TV ou navegar na internet. É preciso agarrar a vida pelos chifres e deixar que a morte nos surpreenda. E assumir a realidade, por mais terrível que nos pareça, como a normalidade que nos cabe.

Aliás, não gosto da palavra morte. Prefiro dizer que as pessoas transvivenciam.

A neta adolescente indagou da avó com mais de 80 anos, enquanto catavam feijão:

— Vó, o que a senhora faria se soubesse que iria morrer daqui a quinze minutos.

— Continuaria a catar feijão – respondeu a avó.

É isso: não apresse a morte. Continue a catar feijão. Não confunda seu tempo cronológico com seu tempo interior.

E lembre-se: na vida não se guarda culpa da transgressão, e sim da omissão.

* * *

Gosto da parábola da senhora muito idosa que, no chão imundo do mercado público, andava de cabeça baixa à procura de algo.

Isso é mimético: se você parar na rua e começar a olhar para o chão, garanto que duas ou três pessoas irão parar e fazer o mesmo. No mínimo pensando que você achou dinheiro ou perdeu alguma coisa.

Várias pessoas, ao lado daquela senhora, olhavam atentas o chão do mercado. Até que um rapaz perguntou:

— A senhora perdeu alguma coisa?

— Perdi uma agulha – respondeu ela.

— Uma agulha!? A senhora não sabe que aqui no mercado há mais de duzentas barracas que vendem todo tipo de agulhas? E a senhora procurando nesse chão imundo...

As pessoas em volta dela começaram a se dispersar.

— É uma agulha de ouro! – exclamou a velha.

Ao ouvir isso, todos retornaram. Vai que se tratasse de uma agulha de crochê, daquelas bem grandes, com ouro de 24 quilates!

Lá pelas tantas o mesmo rapaz voltou a perguntar:

— A senhora não tem ideia de onde mais ou menos perdeu a agulha?

— Tenho sim — disse ela. — Perdi em casa, a duas quadras daqui.

— A senhora é mesmo louca! Perdeu em casa e veio procurar aqui fora, no mercado.

— Exatamente como vocês fazem com a felicidade – disse a senhora. — Ela está dentro, mas vocês procuram fora.

A morte de Tancredo Neves

TANCREDO NEVES E SUA MULHER, Risoleta Neves, mantinham contatos amistosos com meus pais, embora tivessem posturas políticas divergentes. Tancredo fora ministro de Vargas, cuja ditadura meu pai combatera. Na comemoração dos 40 anos do *Manifesto dos Mineiros*, na Assembleia Legislativa de Belo Horizonte, a presença de Tancredo surpreendeu todos. Eu estava lá em companhia de meu pai.

Minas tem dessas coisas: faz-se política sem rancor ou vingança.

Da família Neves me aproximei via Tancredo Augusto, o único filho homem do político mineiro. Fomos colegas de classe no Colégio Dom Silvério, em Belo Horizonte. Tínhamos por hábito nos preparar para as provas um na casa do outro.

Tancredo esperou décadas para chegar à Presidência da República. Quando todos os ventos pareciam soprar a seu favor, a natureza pregou-lhe uma peça. Aos 75 anos, adoeceu às vésperas da posse, em março de 1985. Submetido a cirurgias em Brasília, os médicos se viram obrigados a dividir a sala do hospital com políticos papagaios de pirata... Estar no poder é abrir um pote de mel: atrai moscas e formigas de todos os lados.

Considerados insuficientes os recursos médicos de Brasília, Tancredo foi transferido para o Incor, na capital paulista, a 26 de março de 1985. Sugeri a Dom Paulo Evaristo Arns, cardeal-arcebispo de São Paulo, ir até o hospital para uma visita à família Neves. No quarto andar, o arcebispo celebrou missa pela saúde do primeiro Presidente civil após 21 anos de ditadura militar. Vários políticos participaram, entre os quais muitos que já haviam sido indicados para o ministério.

Ao nos despedir, dona Risoleta, agradecida, pediu que retornássemos para manter viva a corrente de orações. Dom Paulo alegou dificuldades de agenda, mas prometeu que, em nome dele, eu voltaria.

Todos os dias eu orava com a família e amigos e, em seguida, descia para a UTI, onde renovava a bênção da saúde ao doutor Tancredo. Entubado, sem poder falar, ele me olhava com atenção e demonstrava alívio e consolo naqueles momentos de preces.

Chegada a Semana Santa, perguntei se gostaria que eu repassasse com ele todas as estações da Via Sacra. Assentiu com gestos. Fiz uso do livro de Leonardo Boff, *A via sacra da ressurreição*.

A 21 de abril de 1985 eu me encontrava ao pé do leito de doutor Tancredo quando sua vida cessou e os aparelhos ligados a seu corpo paralisaram seus indicadores. Eram 22h23.

No quarto andar do Incor, escutei o delegado Romeu Tuma comentar com um coronel do SNI, que coordenava a segurança em torno dos Neves, a importância de se evitar a presença de Dom Paulo Evaristo Arns no cortejo fúnebre.

Reza o protocolo da República que, em caso de falecimento do Presidente, o cortejo deve ser aberto por ministro de sua confissão religiosa.

Fui ao orelhão da esquina, às 6h da manhã. Liguei para a residência do arcebispo. Frisei a importância política, e não apenas pastoral, de sua presença à frente do cortejo – o que de fato ocorreu.

Ao retornar ao quarto andar, o coronel do SNI avisou que não haveria lugar para mim na aeronave da FAB que transportaria o esquife e a família Neves a Brasília. Respondi-lhe dar por encerrada minha missão e não ter interesse em me ausentar de São Paulo. Ao me despedir de dona Risoleta, ela indagou se eu não acompanharia a família. Declinei do convite e informei que o coronel do SNI dissera não haver lugar para mim no voo. Dona Risoleta elevou a voz e retrucou:

— Como não tem lugar para o senhor no avião?! O senhor tem de vir conosco.

Imediatamente fui credenciado pelo protocolo presidencial.

Na viagem, dona Risoleta pediu que eu pregasse na missa em Brasília. Expliquei depender da disposição de o arcebispo do Distrito Federal conceder-me direito à palavra. E eu não me sentia à vontade para fazer este pedido a Dom José Freire Falcão. Ela se incumbiu de falar com o prelado – que alegou não poder atender por eu não ser padre...

Em Belo Horizonte, o arcebispo Dom João Rezende Costa respondeu que a liturgia ficaria muito extensa caso me fosse aberta a palavra. Ali, entretanto, tive uma participação inusitada. Trinta mil pessoas se acotovelavam, consternadas, em torno do Palácio da Liberdade, onde o esquife estava exposto. Súbito, a pressão sobre os portões fez com que tombassem. Sete pessoas foram esmagadas, das quais quatro morreram na hora e outras três no hospital. Houve mais de 200 feridos.

Para conter a multidão e evitar uma catástrofe ainda maior, vesti o hábito dominicano, fui para a sacada do Palácio da Liberdade acompanhado da família e de autoridades, e conclamei todos a erguerem as mãos para rezar um Pai Nosso pelo doutor Tancredo. A turba se apaziguou e os feridos puderam ser socorridos.

No início da noite, o coronel do SNI me advertiu que o esquife seria levado na manhã seguinte a São João del Rei por um helicóptero da FAB. Se eu tivesse interesse em presenciar o enterro, que buscasse meios próprios para chegar à terra natal do falecido.

Eu não tinha o menor interesse em prosseguir no cortejo. Meu espaço político era o do PT que, no Colégio Eleitoral, se opusera à eleição indireta de Tancredo Neves. Razões pastorais me haviam aproximado daquele mundo em que predominavam próceres do PMDB e remanescentes da ditadura. Outro motivo me retinha em Belo Horizonte: ali moravam meus pais e irmãos e decidi aproveitar a viagem inesperada para revê-los.

Ao encontrar minha família, narrei as pressões do SNI para que eu fosse afastado do féretro presidencial. Meus irmãos ponderaram que a questão pastoral se transformara em questão política: ainda que de ônibus, eu deveria ir a São João del Rei.

Às 6h da manhã do dia seguinte, bati à porta do Palácio da Liberdade, à procura de dona Risoleta. Encontrei-a à mesa do café. Antes que eu dissesse qualquer coisa, ela falou:

— Passei a noite preocupada em localizar o telefone da casa de seus pais. Você deve ir conosco a São João del Rei.

Viajei com a família e o esquife no helicóptero da FAB.

Dona Risoleta insistia na minha pregação. A cidade colonial mineira era um reduto franciscano. Certamente o bispo local, Dom Antônio Carlos Mesquita, não gostaria de ter a sua palavra na última missa de corpo presente em intenção do ex-Presidente dividida com um frade dominicano que nem padre é... Mas, na época, os Neves pareciam mandar na cidade. Dona Risoleta enquadrou o bispo, que prometeu me abrir espaço antes da bênção final.

Sugeri à dona Risoleta que o corpo de seu marido não descesse à cova enquanto não terminasse a enorme fila de populares interessados em reverenciar o falecido. Ela aprovou o sugestão, o que obrigou autoridades e mídia a permanecerem mais tempo na cidade. Como a Igreja Católica não admite enterros após o declínio do sol, pedi ao bispo para abrir uma exceção – o que foi aceito.

Na missa na igreja matriz, presentes o novo Presidente da República, José Sarney, e quase toda a sua equipe ministerial. De fato, o bispo cumpriu a palavra, e antes da bênção final me passou o microfone. Falei de improviso não mais do que dez minutos.

Tempos depois, em viagem com Joelmir Beting, contei esses episódios a ele. Quando mencionei a pregação em São João del Rei, ele observou:

— Agora entendo um detalhe. Eu monitorava, em São Paulo, as imagens divulgadas pela TV Bandeirantes. Dentro da matriz, havia uma única câmera – a da Empresa Brasileira de Notícias, do governo federal. De repente, o foco se deslocou do interior da igreja para o pôr do sol em São João del Rei.

Foi no momento em que fiz uso da palavra... censurada pelo SNI.

Quando fui pai do meu irmão

SOMOS UMA FAMÍLIA de oito irmãos, seis homens e duas mulheres. Sou o segundo. Em 1961, nasceu o caçula. Recebeu o mesmo nome de nosso pai. A vida toda predominou-lhe o apelido: Tonico.

Seis meses após o nascimento dele, deixei a casa familiar, em Belo Horizonte. De modo que, ao contrário de meus outros seis irmãos, não convivi com o Tonico criança nem acompanhei seu crescimento. Nossas idades guardavam uma diferença de 17 anos.

A distância entre nós se agravou nos quatro anos em que fiquei preso. Em fins de 1973, quando deixei o cárcere, eu tinha 29 anos, Tonico, 12. No período entre outubro de 1973 e fevereiro de 1974, que passei com a família, pela primeira vez convivi com ele.

Naquela época de festas natalinas estranhei certas atitudes de meu irmão. Não era afeito aos estudos e parecia ter dificuldade de se concentrar. Em compensação, demonstrava talento para o desenho e a pintura, e sua habilidade mecânica fazia dele perito no conserto de motos dos amigos. Poucos anos depois, Tonico adquiriu, a preço de banana, um Chevette caindo aos pedaços. Na garagem de casa, desmontou e remontou o carro como quem se distrai com um imenso quebra-cabeças. O veículo voltou a circular.

Embora eu não seja psicólogo como meu irmão Léo, logo vi que aquele comportamento não era normal. Sugeri a meus pais levarem Tonico a um especialista. Não me deram ouvidos. Meu pai mostrava-se avesso a tudo que se referisse ao universo freudiano. Vinha de uma geração que considerava terapia "coisa pra louco" e acreditava que umas boas palmadas e deixar de castigo eram suficientes para corrigir qualquer "mania" de crianças e adolescentes.

Meu irmão tinha 12 anos quando meu pai o flagrou fumando. Meus pais nunca fumaram. Neste item, adotaram uma pedagogia contrária à dos pais de meus amigos: quisesse fumar, não o fizesse escondido. E cuidasse de comprar cigarros com o dinheiro da mesada.

Ao surpreender meu irmão fumando, meu pai, homem de temperamento severo, o fez sentar na escada de casa e frisou:

— Se quer fumar, faça-o na minha frente. Não fume escondido.

Tonico acendeu o primeiro cigarro, deu quatro ou cinco baforadas (creio que nem sabia tragar), e apertou-o no cinzeiro. Retirou do maço o segundo, repetiu o ritual... e só sossegou após o décimo.

Isso me permitiu, na adolescência, exibir-me nos aniversários de família. Meus primos, proibidos de acesso ao tabaco, morriam de inveja do meu direito precocemente adquirido. Atribuo a essa liberalidade de meus pais o fato de nenhum dos filhos, excetuando Tonico, ter tido interesse pelo cigarro, a não ser o mais velho, Nando, e eu, que sem dificuldade o largamos após um período de dependência.

No início de 1974, fui morar em uma favela de Vitória, engajado no trabalho pastoral com as Comunidades Eclesiais de Base. Ao retornar a Belo Horizonte em visita à família, de novo percebi haver algo de estranho em meu irmão. A escola o interessava cada vez menos, mostrava-se arredio e havia adquirido uma moto, contra a vontade de meus pais.

Logo descobrimos que Tonico ingressara no mundo das drogas. Fora induzido por amigos que, inclusive, facilitaram-lhe o acesso à moto. Além do uso eventual da maconha, adquiriu o vício de ingerir vidros de xaropes para tosse – em especial, Pambenyl e Eritós, que contêm codeína, derivada do ópio – então vendidos livremente em farmácias.

O caçula passou a ser o problema da família. Meus irmãos tudo faziam para socorrer as aflições de meus pais e contê-lo quando tinha crises de agressividade. Mas quem lida com dependentes químicos sabe muito bem que eles desenvolvem especial capacidade para artimanhas. São doutores na arte de mentir, tergiversar, argumentar que a nossa preocupação não se justifica, pois não fazem nada daquilo que suspeitamos...

À distância, eu acompanhava os altos e baixos da novela familiar.

Em 1977, aos 16 anos, Tonico sofreu um grave acidente. Havia cheirado cocaína. Com a moto a toda velocidade, foi de encontro a um carro estacionado. Quebrou várias costelas e as lesões na coluna, por pouco não ficou tetraplégico, o obrigaram a permanecer de cama engessado ao longo de quatro ou cinco meses.

Encarei o infortúnio como boa fortuna – Tonico largaria as drogas! De fato, suportou bem a convalescença e não deu mostras de sofrer com a abstinência.

Em 1979, me transferi de Vitória para São Paulo. Foi nessa ocasião que a família se deu conta de que, além das lesões nas costelas e na coluna, havia uma outra que só cuidadosos exames neurológicos puderam constatar: no acidente, Tonico atingira o lado esquerdo da cabeça, afetando a parte lógica do cérebro. Ficara irremediavelmente impedido de estudar e trabalhar.

A natureza não se conforma com perdas e danos. Para compensar a lesão, o lado direito do cérebro hipertrofiou. Ele se tornou uma pessoa mais intuitiva, sensível, criativa e, sobretudo, afetuosa. Suas pinturas continuavam surpreendendo. Entre telas abstratas de forte harmonia estética, chamavam a atenção as que refletiam seu caos interior. Óbvio que experimentava intenso sofrimento espiritual.

Após sair da cama, meu irmão continuou "limpo" por algum tempo. Contudo, a consciência de que sofrera uma lesão cerebral o atordoou. Seu discurso muitas vezes carecia de lógica, como se tivesse um raciocínio circular. Fixava-se em meia dúzia de ideias e expressões recorrentes. Deparar-se com tal limitação o fez voltar ao xarope, que sempre mereceu sua preferência, até por falta de dinheiro para adquirir outras drogas.

Em 1980 atendi, em São Paulo, um telefonema aflito de meu irmão Breno. Tonico, fora de si, havia dado um tapa na mamãe. A família apelava para que ele ficasse uns tempos comigo, de modo a propiciar um período de tranquilidade a meus pais.

No dia seguinte, meu irmão caçula desembarcou no aeroporto de Congonhas. Para retornar a Belo Horizonte, são e salvo, cinco anos depois.

* * *

Foram, até hoje, os anos mais difíceis de minha vida. Superaram os quatro de prisão e os cinco em que morei na Favela de Santa Maria, em Vitória. Meu irmão se tornou meu filho. Um filho afetuoso e, ao mesmo tempo, rebelde. O que me incentivou a escrever um romance sobre drogas, *O vencedor*.

No primeiro mês, morou comigo no convento. Cuidei de assegurar-lhe boa assistência médica e terapêutica, e mergulhei fundo na bibliografia pertinente. Havia em Tonico a determinação de abraçar a abstinência. Fez um esforço sobre-humano para empreender a escalada do Inferno de Dante rumo ao Purgatório e ao Paraíso.

Havia madrugadas em que, por insistência dele, eu permanecia a seu lado, de mãos dadas, enquanto seu corpo exalava um odor pestilento e de sua boca brotavam alucinações.

Tonico tornou-se minha prioridade. Convenci-me de que só uma carga excessiva de amor poderia arrancá-lo do buraco. Ainda que eu me estropiasse todo, não me pouparia para livrá-lo do mundo das trevas.

Nas poucas ocasiões em que demonstrou muita vontade de ter acesso a drogas, a megalópole chamada São Paulo o impediu, pois não conhecia a cidade, as farmácias dificultavam a venda de xaropes e ele não contava com amigos que pudessem lhe facilitar as coisas. A abstinência compulsória o fazia sofrer ainda mais. Até atingir o limite de sua resistência. Então, ele explodia.

As explosões mais comuns consistiam em me agredir fisicamente. Ele vinha com tudo, dava chutes e socos, atirava-me cadeiras e objetos. De início, eu deixava ele bater. Reagia apenas para me defender.

A doutora Jô Benetton e os terapeutas da Casa Vida, na Vila Mariana, me ensinaram que as agressões representavam um apelo de afeto, acrescido do ciúme que ele sentia por não merecer, de minha parte, contínua e exclusiva atenção, pois eu não abandonara trabalhos e compromissos. Deixei de ser "vítima". Passei a reagir, de modo a impor-lhe limites. Aprendi a bater com amor.

O procedimento funcionou. Diante da minha reação "de igual para igual", ele se acovardava. Pedia-me mil perdões. Era como se, nos momentos de crise, ele fosse habitado por outra pessoa, um ser agressivo, inescrupuloso, sobre o qual não tinha nenhum controle. Uma possessão. Julgo que foi com esse tipo de quadro patológico que Jesus se deparou, e que os evangelistas chamavam de "endemoniados". Ao acalmar-se, Tonico voltava à pessoa afetuosa que o caracterizava.

Nesse período ele já havia se transferido do convento para o apartamento que adquiri defronte, graças aos direitos autorais obtidos com o êxito mundial de *Fidel e a religião*.[5]

Por recomendação terapêutica, não fui morar com ele no apartamento. Para acompanhá-lo, busquei cuidadores

5 Editora Companhia das Letras.

profissionais. Não tive sorte. Tinham medo das crises do Tonico, e com frequência estavam mais interessados na TV do que em dar atenção a ele. Fui à luta e contratei jovens que nada entendiam de cuidados terapêuticos. Dediquei-me a formá-los. Acertei em cheio.

A tensão que de mim se apossava ao ver Tonico debater-se com seus "demônios" interiores, agravava a minha carência. Amar é fácil quando há, ao menos, esperança de sentir-se amado. Porém, sair de si para o outro sem nenhum retorno imediato é, no mínimo, penoso. Às vezes, na padaria da esquina, eu devorava pacotes de biscoitos doces, devido à necessidade de ingerir algo que, simbolicamente, preenchesse o meu vazio interior.

Meus amigos e amigas tiveram papel importante no apoio a mim e ao Tonico. Eu decidira, desde o início, não "esconder" meu irmão. Muitas famílias que têm casos semelhantes cometem o grave erro de clandestinizá-los. Chegam ao extremo de internar o dependente químico, não por imperativo de crises agudas, mas para se verem livres do estorvo... Assim, remetem a ele a mensagem de que não é querido, é suportado, e seu "desvio" merece ser punido com exclusão e "prisão".

Abracei o rumo inverso. Integrei Tonico em meu círculo de amizades. Elas notavam, tão logo ele abria a boca, que a sua lógica fugia aos parâmetros normais e o seu discurso girava em torno de dois ou três temas. Algumas tinham dificuldade de lidar com isso. Faziam perguntas interpelando-o, o que o irritava. A maioria, porém, embarcava no papo do Tonico, "viajava" com ele, ouvia com interesse os "causos" que ele contava e recontava.

Meus pais vieram passar uns dias em São Paulo. Ciça e Zélio Pinto Alves nos convidaram para um fim de semana em Campos do Jordão. Tonico estranhava novidades. Gostava de ficar no seu canto. A ponto de, na sala de casa, invariavelmente sentar na mesma cadeira. E se incomodava se uma visita o precedia ali. Havia que pedir à visita para trocar de lugar.

O mundo dele era um restrito universo de pessoas e objetos identificáveis. Mudanças o atordoavam. Diante de estranhos, mostrava-se arredio.

Em Campos do Jordão, a inquietude se apoderou dele. Como as atenções se fixaram em nossos pais, sentiu-se preterido. Súbito, dei pela falta dele. Preocupava-me o fato de ele, quando deprimido, mexer nos banheiros à procura de remédios. Qualquer medicamento. Ingeria-o como se dali viesse o efeito capaz de aliviá-lo ou, virtualmente, transportá-lo dali... No banheiro ele não estava. Fui encontrá-lo deitado na curva da estreita estrada asfaltada que passa diante da casa. Por milagre, nenhum veículo trafegou por ali naqueles momentos. Teria sido impossível evitar o atropelamento em curva tão fechada.

É sofrido para o dependente químico deparar-se com o seu caos interior, abster-se das "viagens" que lhe propiciam fuga da realidade, enfrentar-se com olhares de rejeição e medo. Frente a isso, por vezes prefere a morte. Quer trasladar-se a outra realidade. Esta aqui lhe parece infernal, um mar revolto no qual ele não encontra boia nem porto.

Ao retornar de Campos de Jordão, levei meus pais, no fim da tarde de domingo, à casa de Mara e Ricardo Kotscho. Dali iriam para a Estação da Luz embarcar no trem que os levaria ao Rio. Enquanto lanchavam, fui ao convento com Tonico tomar banho.

Ao terminar de me aprontar e descer para a garagem do convento, não encontrei Tonico... nem o carro! Ele sabia dirigir, mas não conhecia São Paulo. Onde teria ido? Liguei para meus pais, dei uma desculpa por não poder levá-los à estação e desejei-lhes boa viagem. Expliquei a Ricardo Kotscho o que ocorria e pedi que levasse meus pais ao embarque sem dizer o que ocorria.

Da Luz, Ricardo veio para o convento. Repórter da *Folha de S. Paulo*, não teve dificuldades de contatar o comando da Polícia Militar. Descreveu o carro e o motorista.

Ficamos à espera de informações das oito da noite às duas da madrugada. De vez em quando a PM ligava para conferir se tal veículo encontrado era o procurado. Às duas, meu Fiat 147 foi localizado na Avenida Paulista, quase esquina da rua Bela Cintra.

Corremos pra lá. Meia dúzia de viaturas, colorindo a noite de luzes brilhantes, cercavam meu carro – parado na contramão e, embora fosse período de estiagem em São Paulo, enlameado como se tivesse saído de um lava-jato que, em vez de água e sabão, o houvesse coberto de lama. A única brecha sem lama era a marca aberta no vidro frontal pelo limpador de para-brisa. Tonico, impassível, estava sentado ao volante.

Onde andou por tantas horas? Como dirigiu em uma cidade que lhe era estranha? De onde veio toda aquela lama?

Perguntas que ficaram para sempre sem respostas. Ele nunca soube dar qualquer detalhe daquela noite.

Em 1985, livre das drogas, retornou a Belo Horizonte. Cercado de carinho familiar e cuidados terapêuticos, viveu em paz, com raros momentos de turbulência.

Vinte e quatro anos depois, no amanhecer de 11 de junho de 2009, festa de *Corpus Christi*, Tonico transvivenciou após uma crise de apneia. Tinha 48 anos.

Ele, como ninguém, me ensinou o que é amar.

Ser pós-moderno e/ou ser feliz

SOU DA GERAÇÃO que tinha 20 anos de idade na década de 1960. Geração que vibrou com o êxito da Revolução Cubana e a vitória do heroico povo vietnamita sobre os EUA, a maior potência bélica e econômica da história; curtiu os Beatles e, graças à pílula, conquistou a emancipação da mulher e a revolução sexual, e reduziu o preconceito ao homossexualismo.

Geração que, na América Latina, se mobilizou nas ruas e nas selvas contra as ditaduras militares. Geração que tinha como exemplos de vida pessoas altruístas como Gandhi, Che Guevara, Luther King, Mandela.

Geração que presenciou a realização do Concílio Vaticano II, convocado pelo arejado papa João XXIII, aprendeu a respirar uma fé libertadora junto aos pobres e fez surgir as Comunidades Eclesiais de Base e a Teologia da Libertação.

Enfim, geração que se movia inspirada por paradigmas fundados em grandes narrativas, ideais históricos e utopias libertárias. Geração que almejava mudar o mundo e sonhava de olhos bem abertos com um novo projeto civilizatório, no qual fossem suprimidas a miséria, a fome, a exclusão social, o imperialismo, a opressão, e predominassem a solidariedade e a partilha. E todos teriam assegurados seus direitos humanos e planetários.

O sonho acabou, a esperança não. O socialismo fracassou (ainda em Cuba resiste em meio a dificuldades, conquistas sociais e compromissos internacionalistas) e o mundo se tornou unipolar sob hegemonia do capitalismo neoliberal. Introduziu-se a *globocolonização* - a imposição ao planeta do modelo *made in USA* de vida -, incrementou-se o belicismo: Iraque e Afeganistão, Ucrânia e Rússia, Israel e palestinos, e as guerras de baixa intensidade; isolou-se a África sucateada por séculos de colonização.

* * *

Hoje habitamos a fronteira entre a modernidade, que finda, e a pós-modernidade, que inicia.

O que distingue a pós-modernidade das épocas anteriores é a nossa capacidade de criar e destruir, destruir e criar, sempre em busca de algo novo e melhor. Já não há durabilidade. Objetos que, numa mesma família, acompanhavam gerações, passavam de avós a filhos, netos e bisnetos, já não existem. A era dos museus de antiguidades terminou. Já não haveria suficiente espaço para abrigar tantos modelos de carro que se sucedem em meses, ou gerações de computadores que surgem de um semestre ao outro.

Muitos admitem: "Agora o mundo mudou, e eu com ele. Meu idealismo também se tornou obsoleto. Já não bafeja a minha vaidade, nem me traz vantagens. Findou o mundo em que havia heróis, protótipos, modelos a serem seguidos. Hoje os paradigmas são pessoas de sucesso no mercado, celebridades, essa gente bonita e rica que ostenta luxo, esbanja saúde e ocupa sorridente as páginas das revistas de variedades.

"Vivemos agora no novo mundo em que tudo é continuamente deletável e descartável. Do meu computador ao carro, do estilo de vida à arte, tudo que é *in* hoje será *out* amanhã. Resta-me ficar atento a esse esforço permanente de atualização. E não me cobrem coerência! Se minha própria aparência física sofre frequentes modificações por força de malhações e tratamentos estéticos, por que minha identidade deve continuar imutável?

"Sim, ontem eu me alinhava ideologicamente à esquerda, assumia a causa dos oprimidos, engajava-me em manifestações de protesto, expressava a minha indignação frente a esse mundo injusto.

"Ora, ninguém é de ferro! Se ouso mudar minha aparência para manter-me eternamente jovem e sedutor, por que não haveria de mudar também minha postura ideológica, meus princípios e ideais de vida, de modo a não perder o bonde da contemporaneidade?

"Comigo, felizmente, a vida foi generosa. Graças àqueles princípios obsoletos, alcei funções de poder, destaquei-me do vulgo, adquiri prestígio e visibilidade. Troquei de moradia, guarda-roupa e mulher. Passei a dispor de uma conta bancária que engorda mês a mês e me permite desfrutar de prazeres jamais sonhados anos atrás. Hoje sou amigo, e até parceiro, de muitos que ontem eram meus inimigos e alvos de minhas contundentes críticas.

"Se perco a minha posição social, se retorno ao mundo obsoleto, como haverei de manter meu confortável padrão de vida, o sítio, a casa de praia, as férias no exterior, a troca anual de carro? Como haverei de propiciar a filhos e netos o conforto que jamais tive na infância e na adolescência?

"Não devo mais olhar para o passado, onde jazem esquecidos meus ex-heróis, nem para o futuro, como se ali houvesse um ideal histórico. Basta-me olhar para dentro de mim mesmo e saber explorar ao máximo o que tenho de melhor: a astúcia de minha inteligência, a força de minha vontade e o poder de traficar influências."

* * *

Discurso como esse é, hoje, realidade ou ficção?

A modernidade teve início com o Renascimento, o descobrimento da América e do Brasil, a passagem da era medieval, feudal, para o mercantilismo e, em seguida, ao capitalismo.

Vivemos não uma época de mudanças, mas uma mudança de época. No milênio que começa emerge algo imprecisamente chamado pós-modernidade, que se insinua bem diferente de tudo o que nos antecedeu, imprimindo novos paradigmas.

Na Idade Média, a cultura girava em torno da ideia de Deus. Na modernidade, centra-se no ser humano. Episódio característico da modernidade ocorreu em 1682. Mister Halley, baseado exclusivamente em cálculos matemáticos - pois não dispunha de aparelhos -, previu que um cometa voltaria a aparecer nos céus de Londres dentro de 76 anos. Na ocasião, muitos disseram: "É louco! Como, fechado em seu escritório, baseado em cálculos feitos no papel, pode prever o movimento dos astros no céu? Quem, senão Deus, domina a abóbada celestial?".

Mister Halley morreu em 1742, antes de se completarem os 76 anos previstos. Porém, muitos ficaram atentos ao que ele afirmara. Exatamente na data prevista, em 1758, o cometa, que hoje leva o seu nome, voltou a iluminar os céus de Londres. Era a glória da razão!

"Se é assim," disseram, "então a razão haverá de resolver todos os dramas humanos! Acabará com a peste, as guerras, a fome. Criará um mundo de luzes, de progresso, de saciedade, de alegria!"

Tudo muito bonito e lógico.

Passados cinco séculos, o saldo não é dos mais positivos. Os dados são da Food and Agriculture Organization (FAO): somos 8 bilhões de pessoas no planeta, metade vive abaixo da faixa da pobreza, e quase 1 bilhão sobrevivem com fome crônica. Nada indica que se cumpram até 2030 as *Metas do Milênio* da ONU, entre as mais importantes a erradicação da miséria.

Há quem afirme que o problema da fome é causado pelo excesso de bocas. Em função disso, propõe o controle da natalidade. Oponho-me ao controle. Sou favorável ao planejamento familiar. O primeiro é compulsório, o segundo respeita a liberdade do casal.

E não aceito o argumento de que há bocas em demasia. Nem falta de alimentos. Segundo a FAO, o mundo produz o suficiente para alimentar 11 bilhões de bocas. O que falta é justiça. Há excessiva concentração da riqueza em mãos de uns poucos. Agora, temos até etanol para abastecer veículos, em vez de alimentos para nutrir pessoas.

Outrora falava-se em trabalho. Sentíamos orgulho de dizer: "Olha, meu pai educou a família trabalhando trinta anos na rede ferroviária"; "Minha mãe foi professora vinte e tantos anos". O trabalho era fator de identidade.

Ainda alcancei a geração que tinha o privilégio de falar em vocação. Posteriormente, passou-se a falar em profissão, mudou-se o foco. Hoje fala-se em emprego, e olhe lá! Não se menciona mais trabalho, porque infelizmente o fator de identidade social não é o trabalho, é *estar no mercado*. Como diria Descartes, "consumo, logo existo".

Há futuro para a humanidade dentro do paradigma capitalista?

A resposta é sim se comungamos essa angústia, essa frustração frente aos sonhos idílicos da modernidade. Quem diria que a revolução russa terminaria em *gulags*, a chinesa em capitalismo de Estado; e tantos partidos de esquerda assumiriam o poder como o violinista que pega o instrumento com a esquerda e toca com a direita?

* * *

Nenhum sistema filosófico resiste, hoje, à mercantilização da sociedade: a arte virou moda; a moda, improviso; o improviso, esperteza. As transgressões já não são exceções, e sim regras.

O avanço da tecnologia, da informatização, da robótica; a googletização da cultura, a telecelularização das relações humanas, a banalização da violência - são fatores que nos mergulham em atitudes e formas de pensar pessimistas e provocadoras, anárquicas e conservadoras.

Na pós-modernidade, o sistemático cede lugar ao fragmentário, o homogêneo ao plural, a teoria ao experimental. A razão delira, fantasia-se de cínica, baila ao ritmo dos jogos de linguagem. Nesse mar revolto, muitos se apegam às "irracionalidades" do passado, à religiosidade sem teologia, à xenofobia, ao consumismo desenfreado, às emoções sem perspectivas.

Para os filósofos pós-modernos, a história findou, o lazer se reduz ao hedonismo, a filosofia a um conjunto de perguntas sem respostas. O que importa é a novidade. Já não se percebe a distinção entre urgente e importante, acidental e essencial, valores e oportunidades, efêmero e permanente.

A estética se faz esteticismo; importa o adorno, a moldura, e não a profundidade ou o conteúdo. O pós-moderno é refém da exteriorização e dos estereótipos. O agora é mais importante que o depois.

Para o pós-moderno, a razão vira racionalização. Já não há pensamento crítico; prefere, neste mundo conflitivo, ser espectador e não protagonista, observador e não participante, público e não ator.

O pós-moderno duvida de tudo. É cartesianamente ortodoxo. Por isso, não crê em algo ou alguém. Distancia-se da razão crítica, criticando-a. Como a serpente Uroboros, morde a própria cauda. Refugia-se no individualismo narcísico. Basta-se a si mesmo, indiferente à dimensão social da existência.

O pós-moderno tudo desconstrói. Seus postulados são ambíguos, desprovidos de raízes. Por exemplo, ao jornalismo, prefere o shownalismo.

O discurso pós-moderno é labiríntico, descarta paradigmas e grandes narrativas. Não tem memória, abomina o ritual, o litúrgico, o mistério. Como considera toda paixão inútil, nem ri nem chora. Não há amor, há empatias. Sua visão de mundo deriva de caprichos da subjetividade.

A ética da pós-modernidade detesta princípios universais. É a ética de ocasião, oportunidade, conveniência. Camaleônica, adapta-se a cada situação.

A pós-modernidade transforma a realidade em ficção e nos remete à caverna de Platão, onde nossas sombras têm mais importância que o nosso ser, e as nossas imagens, mais que a existência real.

* * *

Agora, novas tecnologias de comunicação encurtam o tempo e o espaço, e promovem a homogeneização cultural segundo padrões consumistas. Sonhos cedem lugar a ambições (de poder, fama, beleza e riqueza); a busca do hedonismo se sobrepõe à ética do trabalho; a especulação predomina sobre a produção; a relativização dos valores fragiliza as instituições pilares da modernidade, como a família, a Igreja, a escola e o Estado.

A realidade se fragmenta como no giro alucinado do caleidoscópio. A pós-modernidade emerge e traz à tona o interesse individual como parâmetro prioritário. Reinam o cuidado excessivo do corpo (*fitness*); a performance do artista parece ter mais importância que sua obra de arte; as religiões abraçam os critérios do mercado e prometem milagres *prêt-à-porter*; o fundamentalismo ressuscita o Senhor dos Exércitos.

A morte das ideologias libertárias e a predominância da ótica neoliberal, como sinônimo de democracia e liberdade, aceleram o processo de desumanização. Reflui-se do coletivo ao privado; do social ao individual; do histórico ao momentâneo.

O que era povo transforma-se num aglomerado de pessoas; as classes se esgarçam em interesses pessoais movidos pelo mimetismo espelhado no comportamento da elite; a nação se deixa recolonizar pela progressiva mercantilização da aldeia global.

Frente a essa realidade fragmentada paira a pergunta: Qual futuro? A barbárie de um capitalismo predatório, excludente, de repressão implacável ao fluxo migratório dos pobres, de aquecimento global e degradação ambiental, de império do narcotráfico e do entretenimento imagético (TV e internet) desprovido de conteúdo?

Um mundo baseado na competição, na progressiva apropriação privada da riqueza, na transformação dos direitos sociais, como alimentação, saúde e educação, em meras mercadorias às quais têm acesso somente aqueles que podem pagar?

O Fórum Social Mundial propõe: "Um outro mundo possível". É possível? Quais seriam os desenhos e os paradigmas desse outro mundo possível?

Se queremos escapar da barbárie não resta outra esperança fora da defesa intransigente do meio ambiente; do repúdio a todas as formas de preconceitos e discriminações, fundamentalismos e segregações; do diálogo inter-religioso e da espiritualidade capaz de potencializar nossa capacidade de amar e de sermos solidários.

Acredito que não haverá futuro saudável se desde agora, no presente, não houver fortalecimento dos vínculos gregários de movimentos sociais, associações, ONGs, sindicatos e partidos, em função de projetos comunitários e direitos coletivos.

Tal desafio supõe o resgate do caráter histórico do tempo, das grandes narrativas, do valor das causas humanitárias, de uma visão de mundo e da vida que rompa os limites do aqui e agora para projetar-se no futuro que perpassa e, ao mesmo tempo, ultrapassa todos os modelos de futuro – aquilo que Jesus chamou de *Reino de Deus*, que não reside lá em cima, situa-se lá na frente, a culminância de todos os nossos sonhos e utopias.

Em suma, trata-se de buscar uma qualidade de vida mais próxima possível da proposta do *sumak kawsay* (viver em plenitude)[6] dos povos originários andinos que do consumismo exacerbado dos *shoppings*.

"Viver em plenitude" ou "bem viver" não coincide com a proposta consumista de uma existência respaldada pelo dinheiro, a posse de bens de conforto, as condições de segurança predominantes sobre as de liberdade.

6 Expressão quéchua dos povos indígenas andinos.

Sumak kawsay é considerar suficiente o bastante, manter com a natureza uma relação de alteridade, desfrutar de qualidade de vida livre de estresse, de poluição, de competição desenfreada. Um bem viver enriquecido de espiritualidade, de vínculos inquebrantáveis de amizade, de celebração frequente dos dons da vida e dos frutos do trabalho, da fé que se faz festa.

Se *sumak kawsay* merece figurar como um paradigma hoje, há que se comprometer com as várias causas capazes de convergir nessa direção. Muitas causas são setoriais ou corporativas, como a indígena, a da mulher, a dos homossexuais, a dos negros, a dos sem-terra e sem-teto, a dos migrantes e, entre outras, a ecológica. O desafio é como ampliar tais lutas dentro de uma visão sistêmica, pois pretender alcançar todas as conquistas de cada uma dessas causas dentro do capitalismo neoliberal é acreditar que se possa obter pano novo para remendar tecidos velhos...

É preciso, cada vez mais, articular as várias lutas populares e sociais, de modo que o movimento de mulheres não seja mero espectador do que ocorre ao dos sem-terra e nem este se restrinja a assistir pela TV a mobilização dos indígenas.

Sem que a luta de um se torne a de todos, dificilmente se alcançará o sonho de uma sociedade que favoreça a vida em plenitude.

A vida só vale a pena ser vivida movida por sentimentos e práticas de amor, de justiça, de respeito à identidade e aos direitos do outro. Só assim seremos capazes de saciar a nossa fome de pão e aplacar a nossa sede de beleza.

* * *

Recordo-me da queda de Faetonte, personagem de uma das narrativas paradigmáticas da mitologia grega. Filho do Sol, o jovem Faetonte, tomado pela inquietação própria à idade, viu-se desafiado a provar sua ascendência divina e dirigir o carro do pai.

Ao apresentar-se no palácio de Hélio, Faetonte aproximou--se do trono onde o deus-sol reinava cercado de seu séquito: o Dia, o Mês, o Ano, o Século e as Horas. Em volta, a Primavera com a sua coroa de flores; o Verão coberto de espigas de cereais; o Outono com sua cornucópia repleta de uvas; e o Inverno com seus cabelos brancos como a neve.

Faetonte exigiu do pai uma prova de amor. Hélio prometeu atendê-lo tão logo manifestasse um pedido. Logo se arrependeu ao ouvir o filho expressar o desejo de trazer em mãos as rédeas do carro guiado por quatro cavalos incandescentes que expeliam labaredas e, graças aos ventos, disseminavam a luz e o dia por toda a Terra.

Hélio julgou absurdo o pedido do filho. Como confiar a um jovem imaturo o carro capaz de impedir o mundo de viver mergulhado nas trevas? Retrucou-lhe:

— Ó, filho, quisera eu poder voltar atrás em minha promessa! Pede-me algo que está além de suas forças. Você é jovem e mortal; almeja mais do que outros deuses são capazes de obter. Nenhum deles logra equilibrar-se sobre o eixo incandescente. Íngreme é o caminho de minha carruagem, só com muito esforço meus cavalos, ao amanhecer, conseguem galgá-lo. O meio do caminho é alto, no centro do céu. E no final o caminho declina abruptamente, exige uma condução segura, para que não

mergulhe o carro nas profundezas do mar. Lembre-se de que o céu se move num ímpeto constante, e é preciso viajar em sentido contrário a esse movimento. Como você haveria de conseguir isso? Volte atrás em seu pedido. Peça o que quiser, todas as riquezas do céu e a da Terra, menos isso.

O rapaz não arredou pé, convencido de que seria capaz de dissipar as trevas que encobrem o mundo. Ao ver que a Aurora já se aproximava para inaugurar um novo dia, Hélio concordou que o filho o acompanhasse na carruagem. Faetonte, entretanto, insistiu em guiá-la sozinho. Uma das Horas, nervosa, alertou o deus solar:

— Hélio, é hora de atrelarmos os corcéis de fogo ao carro. Veja, a Aurora já está a caminho. Urge que seu carro flamejante siga atrás.

Como todo pai fraco de caráter, o rei abriu mão de seus princípios para não contrariar o filho. Frente à insistência do jovem, cedeu ao coração em detrimento da razão.

Faetonte subiu no carro. Conduziu os cavalos a galope pela linha etérea que os manteria equidistantes da Terra e do Céu, de modo a não incendiar as moradas dos homens e dos deuses. Rédeas nas mãos, sentiu-se senhor do mundo, cuja luz provinha de seu carro flamejante.

Contudo, o brilho das labaredas turvaram-lhe os olhos e a mente. Não conseguiu manter o equilíbrio da carruagem. Os cavalos puxavam mais que a força de suas mãos. Desabalados, mergulharam em direção à Terra. Ao passar por montanhas cobertas de neve, o calor do carro as derreteu, o bafo dos animais incendiou cidades e calcinou países, fez arder florestas, secar rios e mares.

Zeus, indignado, atirou um de seus raios e despedaçou o carro, dispersando os cavalos. O corpo de Faetonte, com os cabelos em chamas, caiu como uma estrela cadente.

As náiades o depositaram num túmulo, em cuja lápide gravaram este epitáfio: "Aqui jaz Faetonte. Na carruagem de Hélio ele correu; e se muito fracassou, muito mais se atreveu".

Com suas pretensões desmedidas, a pós-modernidade merece ser chamada de Faetonta...

O dever de ser ético

APRESENTOU-SE À PORTA *do convento um médico interessado em tornar-se frade. O prior encarregou o mestre de noviços de atendê-lo.*

— Caro doutor – disse o mestre – o prior envia-lhe esta lista de perguntas. Pede ter a bondade de respondê-las de acordo com os seus doutos conhecimentos.

O jovem médico, acomodado no parlatório, tratou de preencher o questionário. Em menos de uma hora devolveu-o ao mestre. Este levou o papel ao prior e retornou quinze minutos depois:

— O prior reconhece que o senhor demonstra grande conhecimento e erudição. Suas respostas são brilhantes. Por isso pede que retorne ao convento dentro de um ano.

O médico estampou uma expressão de desapontamento:

— Ora, se respondi corretamente todas as questões – objetou – por que retornar dentro de um ano? E se eu tivesse dado respostas equivocadas, o que teria sucedido?

— O senhor teria sido aceito imediatamente e, na próxima semana, já estaria entre os noviços.

— Então, por que devo retornar em um ano?

— É o prazo que o prior considera adequado para que o senhor possa desaprender conhecimentos inúteis.

— Desaprender? – surpreendeu-se o médico.

— Sim, desaprender. Entrar na vida espiritual é como empreender uma viagem: quanto mais pesada a bagagem, mais lentamente se cobre o percurso. Na sua há demasiadas coisas substantivamente inúteis.

O doutor partiu sob promessa de retornar dentro de um ano, o que de fato sucedeu.

* * *

Assim como há escolas e cursos para aprender, deveriam também existir para ensinar a desaprender. Quantas importantes inutilidades valorizamos na vida! Quantos detalhes sugam nossas preciosas energias e consomem vorazmente o nosso tempo! Quantas horas e dias perdemos com ocupações que em nada acrescentam às nossas vidas; pelo contrário, causam-nos enfado e nos sobrecarregam de preocupações.

Em se tratando de ética, há sempre muito a desaprender: a esperteza, o espírito de competitividade, o sentimento de vingança, o ímpeto de levar vantagem etc. Tudo isso que nos é imbuído pelo sistema em que vivemos, sistema de lucratividade e competitividade, disputa e busca de poder, hedonismo e narcisismo. Por mais vigilante que uma pessoa seja, ela é tributária dessa cultura egocêntrica, arrivista, eivada de preconceitos e discriminações.

Precisamos também desaprender a considerar os bens da natureza produtos de uso próprio, a lembrar que o nosso uso perdulário se traduz em falta para muitos. Desaprender a valorizar um modelo de progresso que necessariamente não traz felicidade coletiva e uma economia cuja especulação supera a produção. Desaprender a olhar o mundo a partir do próprio umbigo, como se o diferente merecesse ser encarado com suspeita e preconceito.

O desaprendizado é uma arte para quem se propõe a mudar de vida. Nessa viagem, quanto menos bagagem e mais leveza, sobretudo de espírito, melhor e mais rápido se alcança o destino. Vida afora, carregamos demasiadas cobranças, mágoas, invejas e até ódios, como se toda essa tralha fizesse algum mal a outras pessoas e não a nós mesmos.

O que nos encanta nas crianças com menos de cinco anos é a interrogação incessante, o interesse pela novidade, o espírito despojado. Era isso que sinalizou Jesus quando alertou Nicodemos sobre ser preciso nascer de novo, sem retornar ao ventre materno, e tornar-se criança para ingressar no Reino de Deus.

O médico candidato a noviço comprovou ser bem informado, mas ignorava a distinção entre cultura e sabedoria. Soube elencar as mais célebres telas da pintura universal, sem no entanto ter noção do que significam e por que o artista fez isto e não aquilo. Conhecia todas as doenças de sua especialidade, sem a devida clareza de como se relacionar com o paciente.

A humanidade não terá futuro promissor se não desaprender a promover guerras e considerar a pobreza mero resultado da incapacidade individual. Urge desaprender a valorizar o supérfluo como necessário e a ostentação como sinal de êxito. Desaprender de perder tempo com o que não tem a menor importância, como se dedicar mais aos cuidados do corpo que do espírito.

A vida espiritual é um contínuo desaprender de apegos e ambições, vaidades e presunções. A felicidade só conhece uma morada: o coração humano. Eis aí milhões de viciados em drogas a gritar a plenos pulmões terem plena consciência de que a felicidade resulta de uma experiência interior, de um novo estado de consciência. Como não aprenderam a abraçar a via do absoluto, enveredaram pela do absurdo.

E convém aprender: no amor mais se desaprende do que se aprende.

* * *

A noção de ética já veio no meu DNA. Meu pai se destacava por uma honestidade visceral. Voltava à banca de jornal para devolver dois tostões de troco em excesso.

Como juiz, tinha direito a entrar de graça no cinema, acompanhado de minha mãe. Fazia questão de pagar o bilhete dela.

A porta da Mercearia do Sansão era lugar de encontro de nossa turma de bairro. Sansão tinha outro nome, não me recordo. O apelido vinha de sua corpulência e dos cabelos longos derramados sobre os ombros. Circulava numa Harley-Davidson possante.

A camionete de entrega de latas de ervilha estacionou diante da mercearia. Descarregou caixas na calçada. Todas abertas. Eu devia ter 11 anos. Não resisti e passei a mão em uma. Ninguém notou.

Meses depois, durante o almoço, meu pai soube do furto. Fechou a cara, franziu o cenho, exigiu que eu largasse o prato cheio, me levantasse e, com o dinheiro de minha mesada, fosse até a mercearia pedir desculpas e pagar a lata de ervilha.

Logo que cheguei a São Paulo, em 1966, para estudar filosofia, consegui me tornar *freelancer* da revista *Realidade*. Na época, a mais prestigiosa do país. Eu havia ingressado no curso de jornalismo na Universidade do Brasil, no Rio. Na capital paulista, por sorte, tive como vizinho e amigo do convento o psicanalista e escritor Roberto Freire. Ele participara da equipe que editava o tabloide progressista *Brasil Urgente*, dirigido pelo meu confrade frei Carlos Josaphat Pinto de Oliveira.

Na casa do Roberto, na rua Germaine Bouchard, funcionava a redação de fato da *Realidade*. O editor de texto, Sérgio de Souza, morava defronte. Varávamos as noites ali, debatendo pautas e enxugando litros de uísque Drury's – entre outros, José Hamilton Ribeiro, Narciso Kalili, José Carlos Marão, Paulo Henrique Amorim, Mylton Severiano da Silva, Hamilton Almeida Filho, Luís Fernando Mercadante.

Eu quase não bebia. Tinha de encarar aulas de filosofia pela manhã. Mas andava enturmado com o pessoal da revista.

Paulo Patarra era o editor-chefe. Pautou-me para descrever como a Colômbia se preparava para receber a primeira visita de um papa, Paulo VI, ao continente americano. Entregou-me uma grana preta: 300 dólares de diária.

Noblesse oblige. Como a revista exigia, fiquei no melhor hotel, contratei um táxi, paguei almoços e jantares a entrevistados. Ainda assim, sobrava dinheiro.

Retornei a São Paulo com os bolsos estufados de dólares. Fui ao departamento financeiro da Editora Abril e prestei contas do que havia gasto na viagem. Devolvi o que sobrara.

Quando Patarra soube, arrancou os cabelos. A editora não exigia prestação de contas, e muito menos devolução de diárias de repórteres. Meu precedente poderia melar a boa vida de muitos colegas.

— Porra, Betto, que culpa tenho eu de você não ir pra noite nem tomar seus uisquinhos? – berrou Patarra.

* * *

Deixei de embolsar 2 milhões de dólares. "Limpos".

Meu irmão Tonico frequentava diariamente, em São Paulo, uma clínica de recuperação de ex-dependentes químicos. Havia reuniões periódicas com os familiares. Eu comparecia a todas, já que meus pais e irmãos viviam em Belo Horizonte.

Ali conheci um empresário, filho de uma das famílias mais ricas e tradicionais do Brasil.

Luiza Erundina havia sido eleita prefeita da capital paulistana pelo PT. A referida família tinha desativado a mansão que possuía na Avenida Paulista. O imóvel, no valor de US$ 120 milhões, estava vazio.

Erundina desapropriou-o por decreto. Pretendia erguer ali o Museu do Trabalhador. Os proprietários do imóvel entraram em desespero. Cento e vinte milhões de dólares escorrendo pelo ralo...

O empresário que conheci na clínica me procurou. Sabia de minha aproximação com o PT. Fez a proposta: a mansão possuía seis herdeiros. Com a venda, US$ 20 milhões para cada um. Queriam-na de volta. Estavam dispostos a ceder um outro imóvel no centro de São Paulo para o Museu do Trabalhador. E cada herdeiro abriria mão de US$ 500 mil. A caixinha de US$ 3 milhões seria dividida em duas partes: ele, o propositor, embolsaria US$ 1 milhão. Era seu preço pela intermediação. E eu receberia US$ 2 milhões de dólares caso a prefeita voltasse atrás na desapropriação do imóvel.

O que eu faria com o dinheiro, disse ele, era problema meu. Poderia enfiar no bolso ou repassar ao PT ou à Igreja. O importante era revogar o decreto de desapropriação, de modo que a família pudesse vender o terreno da mansão.

Deixei claro que eu não entraria naquele jogo. Feria meus princípios éticos. Mas, como escritor (na época eu começava a escrever o romance policial *Hotel Brasil*[7]) e tive uma curiosidade: como se repassa US$ 2 milhões por baixo do pano?

O sujeito não se fez de rogado. Disse que, em notas não seriadas, a quantia seria colocada em mala guardada, com caução de uma semana, no maleteiro do aeroporto internacional de Guarulhos. Eu receberia uma chave e iria buscá-la quando bem entendesse.

Na época, eu assessorava a Pastoral Operária do ABC e promovíamos, todo mês de julho, no salão da igreja matriz de São Bernardo do Campo, a Semana do Trabalhador. Luíza Erundina veio como conferencista. Na saída, perguntei se ela manteria a desapropriação da mansão da

7 Editora Rocco.

Avenida Paulista. Não me referi à proposta, tanto por considerá-la escusa quanto por estar a prefeita rodeada de muitas pessoas.

Erundina respondeu que havia decidido cancelar o decreto. Chegara à conclusão de que o imóvel não servia aos propósitos da administração.

De posse dessa informação, eu poderia comunicar a empresário que a proposta havia sido aceita. Sua efetivação era questão de tempo. E embolsar US$ 2 milhões.

De fato, o decreto foi revogado.

Não meus princípios éticos.

* * *

Atuei no governo Lula em 2003 e 2004 como assessor especial. Dividi com Oded Grajew o gabinete de Mobilização Social do Programa Fome Zero.

Em agosto de 2003, participei de comitiva da viagem presidencial ao Peru. Recebi do Planalto US$ 1.500 concernentes aos três dias em que ficamos em Lima. Como me hospedaram no hotel reservado ao Presidente, sem ter de pagar diárias e refeições, considerei abusivo o recurso. Fui devolvê-lo ao caixa do Planalto. Não aceitaram. Doei ao Fome Zero.

Em outubro do mesmo ano, acompanhei Lula em sua primeira viagem a Cuba como chefe de Estado. Não fui no voo presidencial. Fiz o percurso para Havana via Miami. O Planalto entregou-me US$ 350 de diária pela escala na Flórida (onde nem cheguei a dormir) e mais US$ 900 por cada um dos quatro dias na capital cubana.

Em documento que assinei ao regressar ao Brasil, doei todo o valor que sobrou à Rede de Educação Cidadã, vinculada à mobilização social do Fome Zero.

* * *

Muitos pais, professores e psicólogos se queixam de que parcela considerável da juventude carece de referências morais. Inúmeros jovens mergulham de cabeça na onda neoliberal de relativização dos valores. Tornam público o privado (vide redes digitais), são indiferentes à política e à religião, praticam sexo como esporte e, em matéria de escolhas, preferem as do mercado financeiro.

Sou da geração que na década de 1960 injetava utopia na veia e se pautava por ideologias altruístas. Queríamos apenas mudar o mundo. Derrubar as ditaduras, a fome e a miséria, as desigualdades sociais, o imperialismo e o moralismo.

Em nome do mundo sem opressão, que muitos de nós identificávamos com o socialismo, lutamos pela emancipação da mulher, contra o *apartheid* e em defesa dos povos indígenas. Sobretudo trouxemos ao centro da roda a questão ecológica.

Já a geração de nossos pais acreditava na indissolubilidade do casamento, na virgindade pré-conjugal como valor, na religião como inspiradora da conduta moral, na prevalência da produção sobre a especulação. Em nome de Deus, as consciências estavam marcadas pelo estigma do pecado.

Todas as gerações têm aspectos positivos e negativos. Se a minha se nutriu de ideologias libertárias, que nela incutiram espírito de sacrifício e solidariedade, a de meus pais acreditou na perene estabilidade das quatro instituições pilares da modernidade: a religião, a família, a escola e o Estado.

Esta geração da primeira metade do século XX não logrou superar o patriarcalismo, o preconceito contra quem não lhe era racial e socialmente semelhante, a fé positivista nos benefícios universais da ciência e da tecnologia.

A geração posterior, a da segunda metade do século passado, promoveu a ruptura entre sentimento e sexualidade; idealizou os modelos soviético e chinês de socialismo, com seus *gulags* e suas "revoluções culturais"; e hoje troca a militância revolucionária pelo direito de ser burguesa... sem culpa!

Ora, a crescente autonomia do indivíduo, apregoada pelo neoliberalismo, leva muitos jovens a se perguntarem por que devem aceitar normas morais além das que decido que lhes convêm? E as adotam convencidos de que elas possuem prazo de validade tão curto quanto o hambúrguer da esquina.

Se a repressão marcou a geração de meus pais e a revolução política, sexual, religiosa etc. a da minha juventude, hoje o estímulo à perversão ameaça os jovens. Respira-se uma cultura de desculpabilização, já que, na travessia do rio, se deu as costas à noção de pecado e ainda não se aportou na interiorização da ética. Parafraseando Dostoiévski, é como se Deus não existisse e, portanto, tudo fosse permitido.

Quem é hoje o enunciador coletivo capaz de ditar, com autoridade, o comportamento moral? A Igreja? A católica certamente não, pois pesquisas comprovam que a maioria de seus fiéis, malgrado proibições oficiais, usa preservativo, não valoriza a virgindade pré-matrimonial e frequenta os sacramentos após contrair nova relação conjugal. As evangélicas ainda insistem no moralismo individual, sem olho crítico para o caráter antiético das estruturas sociais e a natureza desumana do capitalismo.

Onde a voz autorizada? O Estado certamente não é, já que pauta suas decisões de acordo com o jogo do poder e o faturamento eleitoral. Hoje condena o desmatamento da Amazônia, os transgênicos, o trabalho escravo, e amanhã aprova seja lá o que for para não perder apoio político.

O enunciador coletivo, o Grande Sujeito, existe: é o Mercado. Ele corrompe crianças, no modo de induzi-las ao consumismo precoce; corrompe jovens, no modo de seduzi-los a priorizar como valores a fama, a fortuna e a estética individual; corrompe famílias por meio da hipnose televisiva que expõe nos lares o entretenimento pornográfico. E para proteger seus interesses, o Mercado reage violentamente quando se pretende impor-lhe limites. Furioso, grita que é censura, é terrorismo, é estatização, é sabotagem!

As futuras gerações haverão de conhecer a barbárie ou a civilização? A neurose da competitividade ou a ética da solidariedade? A globocolonização ou a globalização do respeito e da promoção dos direitos humanos – a dimensão social do amor?

Pais, professores, psicólogos, e todos que se interessam pela juventude estão desafiados a dar resposta positiva a tais questões.

* * *

A corrupção, aliada à impunidade, de quem é filha, já indignava o autor de *A arte de furtar*, obra do século XVIII, provavelmente saída da pena do jesuíta Manuel da Costa, porém atribuída, até há pouco, ao Padre Vieira: "Se vossa casa, ontem, era de esgrimidor, como a vemos hoje à guisa de príncipe? E até vossa mulher brilha diamantes, rubis e pérolas, sobre estrados broslados? Que cadeiras são estas que vos vemos de brocado, contadores da China, catres de tartaruga, lâminas de Roma, quadros de Turpino, brincos de Veneza etc.?

"Eu não sou bruxo nem adivinho; mas atrevo-me, sem lançar peneira, afirmar que vossas unhas vos granjearam todos esses regalos para vosso corpo, sem vos lembrarem as tiçoadas com que se hão de recambiar no outro mundo. Porque é certo que vós os não lavrastes, nem os roçastes, nem vos nasceram em casa como pepinos na horta."

E aponta as ramificações do enriquecimento ilícito nas estruturas de poder: "Furtam pelo modo infinito, porque não tem fim o furtar com o fim do governo e sempre lá deixam raízes, em que vão continuando os furtos. Finalmente, nos mesmos tempos não lhes escapam os imperfeitos, perfeitos, mais-que-perfeitos e quaisquer outros, porque furtam, furtaram, furtavam, furtariam e haveriam de furtar mais, se mais houvesse."

Em *A desordenada cobiça dos bens alheios – antiguidade e nobreza dos ladrões*, de 1619, o aragonês Carlos García afirma que a arte da ladroagem é superior à alquimia, porque do nada faz tudo: "Haverá maior nobreza no mundo que ser cavaleiro sem rendas e ter os bens alheios tão próprios que se pode dispor deles a seu gosto e vontade, sem que lhe custe mais que pegar-lhes?" E denuncia o engano em que muitos vivem, "crendo que foi a pobreza a inventora do furto, não sendo outros senão a riqueza e a prosperidade".

Padre Vieira, nascido há 416 anos, alerta em seu *Sermão do bom ladrão* (1655): "Os outros ladrões roubam um homem, estes roubam cidades e reinos; os outros furtam debaixo do seu risco, estes, sem temor nem perigo; os outros, se furtam, são enforcados, estes furtam e enforcam."

Sim, não temem as instâncias superiores da Justiça, porque não há o perigo de ficarem atrás das grades. Soltos, continuam a furtar o erário público, e enforcam, em suas negociatas, a cultura da decência, da ética e da justa legalidade.

E ainda há quem proteste por ver a mídia acompanhar as operações policiais. Quem reclama quando as viaturas cercam a favela com brucutus e caveirões, e os policiais primeiro agridem os pobres e depois perguntam? Quando não atiram antes...

Reza o Direito que, se o crime é clandestino, a repressão e a punição devem ser públicas, para servir de exemplo e coibir potenciais bandidos, sejam eles de chinelos de dedo ou de colarinho branco.

Segundo Cícero, "o maior estímulo para cometer faltas é a esperança de impunidade". Enquanto o nosso Código de Processo Penal não sofrer profundas modificações, os bandidos poderão repetir em entrevistas que só temem a polícia, porque a Justiça é cega às suas práticas criminosas.

Talvez fosse mais sensato acatar a proposta de Capistrano de Abreu e reduzi-la a dois artigos: "Artigo I – Todo brasileiro é obrigado a ter vergonha na cara. Artigo II – Ficam revogadas todas as disposições em contrário".

* * *

Ao longo da história, normas de conduta ética derivaram das religiões. Deuses e seus oráculos prescreviam aos humanos o certo e o errado, o bem e o mal. Forjou-se o conceito de pecado, tudo aquilo que contraria a vontade divina. E injetou-se no coração e na consciência dos humanos o sentimento de culpa.

Cada comunidade deveria indagar aos céus que procedimento convinha, e acatar as normas éticas ditadas pelos deuses. Sócrates (469-399 a.C.) também elevou os olhos e fitou o Olimpo à espera dos ditames éticos das divindades que ali habitavam. Em vão. O Olimpo grego era uma zorra. Ali imperava completa devassidão.

Foi a sorte da razão. E o azar de Sócrates; por buscar fundamentos éticos na razão foi acusado de herege e condenado à morte por envenenamento.

Apesar da herança filosófica socrática contida nas obras de Platão e Aristóteles, no Ocidente a hegemonia cristã ancorou a ética no conceito de pecado.

Com o prenúncio da falência da modernidade e a exacerbação da razão, o Ocidente, a partir do século XIX, relativizou a noção de pecado. Inclusive entre cristãos, bafejados por uma ideia menos juridicista de Deus e mais amorosa e misericordiosa.

Estamos hoje na terceira margem do rio... Deixamos a margem em que predominava o pecado e ainda não atingimos a da ética. Nesse limbo, grassa a mais deslavada corrupção. O homem se faz lobo do homem.

Urge chegar, o quanto antes, à outra margem do rio. Daí tanta insistência no tema da ética. Empresas criam códigos de ética, governos instituem comissões de ética pública, escolas promovem debates sobre o assunto.

Basta olhar em volta para perceber a deterioração ética da sociedade: o presidente galardeado com o Nobel da Paz promove guerras; crianças praticam *bullying* nas escolas; estudantes agridem e até assassinam professores; políticos se apropriam descaradamente de recursos públicos; produções de entretenimento para cinema e TV banalizam o sexo e a violência.

Já que não se pode esperar ética de todos os políticos ou ética *na* política, é preciso instaurar a ética *da* política. Introduzir na reforma política mecanismos, como a Ficha Limpa, que impeçam corruptos e bandidos de se apresentarem como candidatos. Estabelecer mecanismos de rigoroso controle e eventual punição (como a revogação de mandatos) de todos que ocupam o poder público, de tal modo que os corruptos em potencial se sintam inibidos diante da ausência de impunidade.

"Tudo posso, mas nem tudo me convém", escreveu o apóstolo Paulo na *Primeira Carta aos Coríntios* (6, 12). Este parâmetro sinaliza que a ética implica tolerância, respeito aos valores do outro, evitar causar desconfortos na convivência social.

O fundamento da ética é o amor. Era nele que Paulo "tudo podia". "Ama e faz o que quiseres", disse Santo Agostinho três séculos depois do apóstolo.

Quem faz a nossa cabeça

PARA O FILÓSOFO Edgar Morin, a ciência, ao buscar autonomia fora da tutela da religião e da filosofia, extrapolou os próprios limites éticos, como a produção de armas de destruição em massa. Os cientistas não dispõem de recursos para controlar a própria obra. Há um divórcio entre as culturas científica e a humanista.

Exemplo paradigmático desse divórcio são as crises econômicas. Quem é o culpado? O mercado? Concordar que sim é o mesmo que atribuir ao computador a responsabilidade por um romance de péssima qualidade literária. Um dos sintomas nefastos dos tempos em que vivemos é a tentativa de reduzir a ética à esfera privada. Fora dela, tudo é permitido, em especial quando se trata de reforçar o poder e aumentar a riqueza. Obama admitiu terem sido torturados os prisioneiros que deram a pista de Bin Laden, e não houve protestos com suficiente veemência para fazê-lo corar de vergonha.

A globocolonização, inaugurada com a queda do Muro de Berlim, conheceu em 2008 sua primeira crise econômica. E ela explodiu no bojo da fragmentação da modernidade. "Tudo que é sólido se dissolve no ar..." Vale acrescentar: "... e o insólito, no bar".

Esfareladas as grandes narrativas que norteavam a modernidade, abre-se amplo espaço ao relativismo. O projeto emancipatório se dilui no terrorismo e no assistencialismo compensatório guloso de votos. O futuro se desvanece.

Para os arautos do neoliberalismo, "a história terminou". O presente é, hoje, o moto perpétuo. O passado, mera evocação, como a pintura que se contempla na parede de um museu. Nada de querer acertar contas com ele.

Graças às novas tecnologias, o espaço se contraiu e o tempo se acelerou. O outro lado do mundo está logo ali, e o que lá ocorre é visto aqui em tempo real. Tudo isso impacta nossos paradigmas e nossa escala de valores. Paradigmas e valores soam como contos da carochinha comparados a ensaios de bionanotecnologia.

O mundo real se cindiu e não condiz com o seu duplo virtual. Via internet, qualquer um pode assumir múltiplas identidades e os mais contraditórios discursos. Agora, todos podem ser simulacros de si mesmos.

Não há mais propostas libertárias que fomentem utopias, nutram esperanças e semeiem otimismo. Ao olhar pela janela, não há horizonte. O que se vê reforça o pessimismo: o aquecimento global, a ciranda especulativa, a ausência de ética no jogo político, a lei do mais forte nas relações internacionais, a insustentabilidade do planeta. Se não há futuro a se construir, vale a regra do prisioneiro confinado à sua cela: aproveitar ao máximo o aqui e agora. Já não interessam os princípios, importam os resultados. O sexo se dissocia do amor como os negócios da atividade produtiva.

A cultura do consumismo desencadeia duas reações contraditórias: a pulsão pela aquisição do novo e a frustração de não ter tido tempo suficiente para usufruir do "velho" adquirido ontem...

A competitividade rege as relações entre pessoas e instituições. Somos todos acometidos de permanente sensação de insaciabilidade. Nada preenche o coração humano. E o que poderia fazê-lo já não faz parte de nosso universo teleológico: o sentido da vida como fenômeno, não apenas biológico, mas sobretudo biográfico, histórico.

Agora a voracidade consumista proclama a fé que identifica o infinito nos bens finitos. O princípio do limite é encarado como anacrônico. Azar nosso, porque todo sistema tem seu limite, da vida humana ao mercado. É o princípio da entropia. Sabemos por experiência própria o que acontece quando se tenta ignorar os limites: o sistema entra em pane. Mas, em se tratando de finanças, não se acredita nisso. A riqueza dos donos do mundo parece brotar de um poço sem fundo.

Duas dimensões da modernidade foram perdidas nesse processo: a dignidade do cidadão e o contrato social. Marx sabia que a burguesia, nos seus primórdios, era uma classe revolucionária. O que ignorava é que ela de tal modo revolucionaria o mundo, a ponto de exterminar a própria cultura burguesa. Os valores da modernidade evaporam por força da mercantilização de tudo: sentimentos, ideias, produtos e sonhos.

Para o neoliberalismo, a sociedade não existe, existem os indivíduos. E eles, cada vez mais, trocam a liberdade pela segurança. O que abastece este exemplo singular de mercantilização pós-moderna: a acirrada disputa pelo controle do mercado das almas. As religiões tradicionais perdem seus espaços territoriais e o número de fiéis. Agora, no bazar das crendices, a religião não promete o Céu, e sim a prosperidade; não promete salvação, e sim segurança; não promete o amor de Deus, e sim o fim da dor; não suscita compromisso, e sim consolo.

Assim, o amor e o idealismo ficam relegados ao reino das palavras inócuas. Lucro e proveito pessoal são o que importam.

* * *

Imagine uma prisão redonda como o estádio do Maracanã. Há vários andares de celas. Nenhuma possui porta, de modo que um único carcereiro, situado na guarita no centro da construção circular, controla sozinho o movimento de centenas de prisioneiros.

Este o modelo panótico de Bentham, descrito por Michel Foucault em *Vigiar e Punir*. Muitas penitenciárias o adotaram. Tive oportunidade de visitar uma delas, na Ilha da Juventude, em Cuba, construída antes de Revolução e, hoje, desativada.

Vivemos agora numa sociedade panótica. Em qualquer lugar que nos encontramos, um olho nos vê. Somos vistos; quase nunca vemos quem nos vê. Não me refiro apenas às câmeras discretas ou ocultas em ruas e prédios, elevadores e lojas. O mais poderoso olho é a TV, exatamente esse aparelho que julgamos decidir quando e o que veremos.

Ligamos a TV motivados por seu olho invisível; ele suscita em nós essa atitude. Antes de a emissora colocar no ar uma peça publicitária ou um programa, vários testes são realizados, de modo a assegurar ao anunciante ou patrocinador o êxito de audiência. Conhece-se o olhar alheio por exaustivas pesquisas de opinião.

Isso influi inclusive na (des)qualidade da arte. Agora, o artista não cria a partir de sua subjetividade e imaginação. Antes, procura satisfazer o olhar do público. Ele se olha pelo olho do consumidor de sua obra. Sua fonte de inspiração não reside na ousadia de romper e ultrapassar a linguagem estética que o precede, de expressar os anjos e demônios que lhe povoam a alma, e sim na vontade de agradar o público, criar um mercado de consumo para a sua obra, ainda que à custa de banalizar o próprio talento. O olho promissor do mercado configura seu olhar no ato criativo.

Todo esse processo foi expressivamente tratado em obras como *1984*, de George Orwell (1949), e *Fahrenheit 451*, de Ray Bradbury (1953), filmado em 1966 por François Truffaut. O fenômeno recente mais expressivo é o *Big Brother*, que arrebanha milhares de telespectadores, faz todos se sentirem irmãos, igualizados pela imbecilidade voyeurista de observar o ritual canibalizador que ocorre no interior da casa.

Induzidos por esse sentimento egogregário, perdemos a singularidade. O olho do Grande Irmão nos olha peremptoriamente e nos exige um comportamento de rebanho humano.

Outrora havia uma economia de bens materiais institucionalmente separada de uma economia de bens espirituais.

Desses últimos cuidavam padres e pastores, intelectuais e professores, artistas e escritores.

Agora, a indústria de entretenimento se encarrega da produção de bens espirituais, integrando-nos na família televisual. O avatar nos chega pela janela eletrônica. Os novos bens espirituais já não imprimem sentido altruísta às nossas vidas, e sim motivações egóticas de acesso ao mercado de produtos supérfluos, e à conquista de fama, beleza e riqueza. Somos impelidos a consumir, não a refletir. Sempre mais acríticos, nos tornamos ventríloquos manipulados pela ideologia midiática que repudia a solidariedade e exalta a competitividade.

* * *

Em *A doce vida*, filme de Fellini, a última cena mostra o fim da noite boêmia de gente da alta burguesia. Caminham todos, tropegamente, por um bosque em direção ao mar. Ao chegar à praia, a ébria alegria se choca com o imenso olho inerte de um monstro marinho (uma imensa água-viva) que os pescadores arrastam rumo à areia.

O olho olha aquela gente e gera angústia e medo, como se a despisse de sua falsa alegria e a interpelasse no fundo da alma.

É este olho crítico que tanto tememos. E quando ele emerge, os oráculos do sistema neoliberal tratam de tentar cegá-lo e afundá-lo. Ele ameaça porque funciona como espelho no qual o nosso olhar reverbera e olha a mediocridade na qual estamos atolados, movidos como rebanho pelo Grande Imã – o entretenimento televisivo centrado no estímulo ao consumismo.

* * *

Toda ditadura é megalômana. E a que governou o Brasil sob botas e fuzis, de 1964 a 1985, não foi diferente. A construção da rodovia Transamazônica simboliza a arrogância do regime militar.

Rasgou-se a selva de leste a oeste. Abriu-se a estrada em paralelo a caudalosas vias fluviais. Em vez de aprimorar o sistema de navegação pelo rio Amazonas e seus afluentes, a ditadura preferiu obrigar a floresta a ajoelhar-se a seus pés. Possantes máquinas puseram abaixo árvores milenares encorpadas de madeiras nobres, destruíram ecossistemas preciosos, alteraram o equilíbrio ecológico da região.

Tudo em nome de uma palavra tão propalada e, no entanto, carente de significado: desenvolvimento. Leia-se: exploração predatória da maior floresta tropical do mundo, aberta à voracidade de mineradoras, madeireiras e, sobretudo, do latifúndio predador, quase sempre movido a trabalho escravo.

"No meio do caminho havia uma pedra", repetiria Drummond. Povos indígenas. Como impedir que oferecessem resistência? Simples: pela arte de seduzir. A Funai ergueu *tapini* (cabanas de folhas). Dentro, utensílios de caça e cozinha, ferramentas etc. Os indígenas, encantados com os objetos, acolhiam gentilmente os caras-pálidas. E ingenuamente eram cooptados pelas relações mercantilistas. Em troca de bugigangas perdiam saúde, terras, liberdade e vida.

Detalhe: o mato, não o gato, comeu a Transamazônica, fonte de riqueza e poder de umas tantas empreiteiras.

Hoje, os indígenas somos todos nós. Os *tapini*, os shoppings, a publicidade, as veneráveis quinquilharias que nos agregam valor. O inumano imprime sentido ao humano, como faziam os deuses de ouro denunciados pelos profetas bíblicos: tinham boca, mas não falavam; olhos, mas não viam; ouvidos, mas não escutavam; pés, mas não andavam...

Vivemos todos sob o efeito hipnótico do consumismo. Não importa se o produto é frágil ou de má qualidade. Seu *design* nos cativa. Sua publicidade nos faz acreditar que estamos comprando a oitava maravilha do mundo! E, ingenuamente, pomos fé de que se trata de um produto durável, mesmo conscientes de que o capitalismo não se importa com o direito do consumidor, e sim com a margem de lucro do produtor.

Como se livrar do labirinto consumista que, na verdade, se consuma nos consumindo? Não vejo outra porta de saída fora da espiritualidade, somada a uma nova visão do mundo. Sem espiritualidade corremos o risco – sobretudo os mais jovens – de dar valor àquilo que não tem valor. Imbuídos da baixa autoestima que nos incute a publicidade ("você não é ninguém porque não possui este carro, não veste esta roupa, não faz esta viagem...") encaramos a mercadoria como algo que nos agrega valor. Não basta a camisa, a bolsa ou o tênis. Têm de ser de grife, com a etiqueta exibida do lado de fora. Assim, todos à nossa volta haverão de reconhecer o nosso valor. E quiçá invejar-nos. E aquele ser humano que, ao lado, carece de produtos refinados, é visto como não tendo nenhuma importância, já que não porta o que agrega valor.

* * *

O que é uma pessoa espiritualizada? É aquela cujo sentido de vida deita raízes em sua subjetividade e cujas opções são movidas por ideais altruístas. Ela não faz do que possui – conta bancária, títulos, casa, carro etc. – sua fonte de valores. Sabe que tem valor em si, que não é nutrida pela posse de bens e sim por sua capacidade de fazer o bem aos outros. Sua autoestima se funda em sua generosidade, solidariedade e compaixão. Ela é feliz porque sabe fazer outras pessoas felizes.

O mercado tudo oferece. Todos os seus produtos nos chegam embrulhados em papel de presente: se compramos este carro, seremos felizes; se bebemos aquela cerveja, nos sentiremos alegres; se adquirirmos tal roupa, ficaremos joviais. O único bem que o mercado jamais oferta é justamente este que mais buscamos: a felicidade. No máximo, o mercado tenta nos convencer de que a felicidade é o resultado da soma de prazeres.

Ora, a felicidade é um bem do espírito, jamais dos sentidos, da cobiça ou da arrogância. É feliz quem ousa destampar o próprio ego e conectar-se com o Transcendente, o próximo e a natureza. Esse irromper para fora de si mesmo tem nome: amor. E se manifesta nas dimensões pessoal, no dom de si ao outro, e na social, no empenho de construir um mundo melhor.

* * *

No século XX, a arte cinematográfica introduziu um novo conceito de tempo. Não mais o conceito linear, histórico, que perpassa a Bíblia e, também, as obras de Aleijadinho ou *Sagarana*, de Guimarães Rosa. No filme, predomina a simultaneidade. Suprimem-se as barreiras entre tempo e espaço. O tempo adquire caráter espacial, e o espaço, temporal. No cinema, o olhar da câmara e do espectador passa, com toda a liberdade, do presente para o passado e, deste, para o futuro. Não há continuidade ininterrupta.

A TV, cujo advento ocorreu no fim da década de 1930, leva isso ao seu paroxismo. Frente à simultaneidade de tempos distintos, a única âncora é o aqui e agora do (tele)espectador. Não há durabilidade nem direção irreversível. A linha de fundo da historicidade - na qual se apoiam o relato bíblico e os paradigmas da modernidade, incluindo um de seus frutos diletos, a psicanálise - dilui-se no coquetel de eventos onde todos os tempos se fundem. Dercy Gonçalves está morta e, sobre sua tumba, os clipes a exibem viva, interpretando sua personagem irreverente e desbocada.

* * *

Aos poucos, o horizonte histórico se apaga como as luzes de um palco após o espetáculo. A utopia sai de cena, o que permite aos filósofos da desgraça vaticinarem: "A história acabou". Ao contrário do que adverte Coélet, no *Eclesiastes*, não há mais tempo para construir e tempo para destruir; para amar e para odiar; para fazer a guerra e para estabelecer a paz. O tempo é agora. E nele se sobrepõem construção e destruição, amor e ódio, guerra e paz.

A felicidade, que em si resulta de um projeto temporal, reduz-se então ao mero prazer instantâneo, epidérmico, derivado, de preferência, da dilatação do ego (poder, riqueza, fama etc.) e dos "toques" sensitivos (ótico, epidérmico, gustativo etc.). A utopia é privatizada. Resume-se ao êxito pessoal. A vida já não se move por ideais nem se justifica pela nobreza das causas abraçadas. Basta ter acesso ao consumo que propicia valor e conforto: uma boa posição social, a casa na praia ou na montanha, o carro de luxo, o kit eletrônico de comunicações (telefone celular, computador etc.), as viagens de lazer. Uma ilha de prosperidade e paz imune às tribulações circundantes de um mundo movido a violência. O Céu na Terra - prometem a publicidade, o turismo, o novo equipamento eletrônico, o banco, o cartão de crédito etc.

Nem a fé escapa à subtração da temporalidade. O Reino de Deus deixa de situar-se "lá na frente" para ser esperado "lá em cima". Mero consolo subjetivo, a fé reduz-se à esperança de salvação individual.

Graças às novas tecnologias de comunicação, agora o tempo está confinado ao caráter subjetivo. Experimentá-lo é ter uma consciência tópica do presente. Se na Idade Média o sobrenatural banhava a atmosfera que se respirava e, no Iluminismo, a esperança de futuro justificava a fé no progresso, hoje importa o presente imediato. Busca-se, avidamente, a sua perenização. Somos todos eternamente jovens, cultuamos o corpo como quem sorve o elixir da juventude. Morreremos todos saudáveis e esbeltos...

Pulverizam-se os projetos nesse tempo cíclico, onde no mesmo rio corre sempre a mesma água. Outrora, havia namoro, noivado e casamento. Atualmente, fica-se. Após anos de casado, pode-se voltar ao tempo de namoro e, de novo, ao de casado.

A destemporalização da existência alia-se à desculpabilização da consciência. Uma pessoa vive diferentes experiências sem se perguntar por princípios éticos, políticos ou ideológicos. Não há pastores e bispos corruptos e utopias que resultaram em opressão? A TV não mostra o honesto de ontem pilhado na vigarice de hoje? O bandido não faz gestos humanitários? Onde a fronteira entre o bem e o mal, o certo e o errado, o passado e o futuro?

Na pós-modernidade, a temporalidade fragmenta-se em cortes e dissolvências, *close-ups* e *flash-backs*, muitas nostalgias (vide a bossa-nova) e poucas utopias.

Se há algo de positivo nessa simultaneidade, é a busca da interioridade. Do tempo místico como tempo absoluto. Tempo síntese/supressão de todos os tempos. Eis que irrompe a eternidade - eterna idade. Pura fruição. Onde a vida é terna.

Nas artes, música e poesia se aproximam, de modo exemplar, dessa simultaneidade que volatiliza o tempo, imprimindo-lhe caráter atemporal. Na música, nossos ouvidos captam apenas a articulação de umas poucas notas. No entanto, perdura na emoção a lembrança de todas as notas que já soaram antes. Em si, a melodia é inatingível, assim como o poema, uma sucessão rítmica de sílabas e palavras sutis. O que existe é a ressonância da nota e da palavra em nossa subjetividade. Então, a sequência se instaura em nós. Não é o tempo fatiado em passado, presente e futuro. É o presente infindável. O tempo infinito. Como no amor, em que o cotidiano é apenas a marcação ordinária de uma inspiração extraordinária.

O mundo em que vivemos

ERA UM LUGAR PARADISÍACO. Estaria eu a sonhar ou sob o efeito de alguma droga involuntariamente ingerida?

Eu caminhava pausadamente naquele simulacro do Jardim do Éden. Ali não havia pecado e nenhum de seus efeitos: miséria, violência, fealdade, imundície, medo. Tudo absolutamente clean: o brilho das luzes, a beleza dos objetos, o requinte high-tech dos equipamentos.

À minha volta, tudo estava em ordem. Todos tinham aspecto saudável. Ninguém descalço, desdentado. Ninguém estendido em calçadas ou com o olhar precocemente ameaçador. Sentia-me inteiramente seguro naquela pirâmide dourada, cujos túneis me conduziam a nichos de esplendor.

À minha disposição, os mais suaves calçados para os pés, roupas de colorido vivo, agasalhos de lã ou couro, camisas e ternos bem cortados, computadores de última geração, máquinas digitais, celulares de multiuso...

No piso superior, iguarias importadas e refinados manjares, de sanduíches pantagruélicos a panquecas adocicadas, sem que se aspirasse o menor odor de gordura. Não havia pedintes ou gatos e cães vadios a espreitar sobras.

Todos os veneráveis objetos eram acolitados por belíssimas sacerdotisas. A contemplação de tão sofisticados artefatos enlevava-me a alma.

Ao fundo, a delicada música não agredia os ouvidos e trazia paz ao espírito. Não havia trânsito nem o cheiro asfixiante de gases emanados de motores. Desprovidas de ruídos, nas alamedas feericamente iluminadas os transeuntes caminhavam sem pressa. Todos atentos às maravilhas circundantes. Podiam subir de um piso ao outro sem o menor esforço; bastava pousar os pés numa esteira que os içava ao topo sem desprenderem energia.

O ambiente impregnava-se de leve odor de perfume; todos ali pareciam felizes, livres do assédio de crianças de rua, do espectro de mal-encarados, da presença intimidadora de viaturas policiais.

Sob luzes coloridas, viam-se expostos inúmeros talismãs capazes de imprimir valor a quem os portasse e suscitar a inveja alheia. Bastava pagar por um deles e ver consagrada a felicidade de tornar-se possuidor daquelas preciosidades, como se o mago houvesse se desprendido da lâmpada de Aladim.

Fascinava-me a inventividade dos seres humanos. Não que os artefatos fossem incomuns; ao contrário, eram instrumentos para a escrita e equipamentos esportivos, objetos de cutelaria e precisão ótica, uma infinidade de frascos contendo o poder de, abertos, causar fascínio. A diferença residia no designer arrojado, na estética atrativa, na sofisticação de peças como um simples abridor de garrafa.

Estaria eu num conto de Borges? Estaria a sonhar ou seria eu o resultado de um sonho?

Estar ali era como se todos os dias fossem domingo; momento de ócio e distração, seduzido por aquele espaço lúdico que me permitia evadir da realidade e acreditar pertencer ao seleto clube dos eleitos a penetrarem o nirvana.

Eu não queria acordar, resistia a ser expulso do Paraíso e, como Lúcifer, precipitar-me na infernal rotina do trabalho árduo, da vida medíocre da paisagem incolor, da insegurança das ruas e da atmosfera poluída contaminada pelo medo. Queria permanecer ali para sempre. Ficar guardado no ventre acrílico daquela imensa catedral habitada por ídolos de minha devoção, cultuados por desmedidas ambições.

Ali eu me sentia próximo ao Céu, ao mundo dos que foram poupados do sofrimento, à esfera dos premiados pela fortuna. Estava redimido dessa pobre humanidade que nos priva do encanto, da magia, do universo onírico onde se volatilizam todas as dores e angústias. Ali se me acercavam o Olimpo e todos os bens capazes de realçar uma pessoa acima de seus semelhantes.

Contudo, chegou a hora de cerrar vitrines e baixar portas. Fui avisado pelo vigilante que dentro de cinco minutos o shopping seria fechado.

* * *

A história da humanidade é repleta de sujeições. No período pré-moderno, aos deuses do politeísmo, ao Deus do monoteísmo, ao Rei da monarquia e ao Povo (sujeito abstrato) da República. Havia sempre uma figura do Outro ao qual todos deveriam se reportar.

Esse Grande Outro prescrevia o certo e o errado, o bem e o mal, a graça e o pecado, a lei e o crime. O mundo se configurava de acordo com os preceitos do Grande Outro. As alternativas eram simples: sujeitar-se sob promessa de recompensa ou rebelar-se sob risco de punição.

Na modernidade, o Outro se multiplicou, adquiriu diferentes faces, descentralizou-se na diversidade de ideologias, sistemas de governo e crenças religiosas. Tanto a antiguidade quanto a modernidade nos remetiam à transcendência, ainda que fundada na razão. Se não era Deus, era o Partido, o Líder Supremo, as ideias inquestionáveis. Algo ou alguém nos precedia e determinava o nosso comportamento, incutindo-nos gratificação ou culpa.

A pós-modernidade, em cuja porta de entrada nos encontramos, promete fazer de nós sujeitos livres de toda sujeição. Seria a volta ao protagonismo exacerbado, em que cada indivíduo é a medida de todas as coisas. Já não se vive em tempos de cosmogonias e cosmologias, teogonias e ideologias. Agora todos os tempos convergem simultaneamente ao espaço reduzido do *aqui e agora*. Graças às novas tecnologias de comunicação, tempo e espaço ganham dimensão holográfica: cabem em cada pequeno detalhe do *aqui e agora*.

Será que, de fato, a pós-modernidade nos emancipa do transcendente e da transcendência? Introduz-nos no "desencantamento do mundo" apontado por Max Weber?

A resposta é não.

Há um novo Grande Outro que nos é imposto como paradigma inquestionável: o Mercado. As sedutoras imagens deste deus implacável são disseminadas por seu principal oráculo: a publicidade. À semelhança do homólogo de Delfos, nos adverte: "Diz o que consomes e eu te direi quem és".

O grande teólogo desse novo deus foi Adam Smith. Inspirado na física de Newton, em *A riqueza das nações* e *A teoria dos sentimentos morais* Smith aplicou à economia a metáfora religiosa do Grande Relojoeiro que preside o Universo.

O relógio funciona graças à precisão mecânica fabricada por alguém que se situa fora dele e é invisível a quem o porta: o relojoeiro. Assim, na opinião de Newton, seria o Universo. Na de Smith, a vida social regida por interesses econômicos. A diferença é que o Deus Relojoeiro de Newton é chamado de Mão Invisível por Smith. Segundo este, o egoísmo de cada um, guiado pela Mão Invisível, promoveria o bem de todos...

É exatamente o que afirma Milton Friedman, líder da Escola de Chicago: "Os preços que emergem das transações voluntárias entre compradores e vendedores são capazes de coordenar a atividade de milhões de pessoas, sendo que cada uma conhece apenas o próprio interesse."

Este o fundamento do pensamento liberal e do sistema capitalista. É o principio do *laisser faire*, deixar (deus) fazer. O que, traduzido em termos políticos, significa desregulamentar, não apenas as esferas econômicas e políticas, mas também a moral. Abaixo a ética de princípios e viva a ética de resultados!

Nesse protagonismo pós-moderno, cada ego é a medida de todas as coisas. O que imprime ao sujeito (no sentido latino de sujeição, submissão) a impressão de autonomia e liberdade.

O resultado do novo paradigma centrado no deus Mercado todos conhecemos: degradação ambiental; guerras; gastos exorbitantes em armas, e sistemas de defesa e segurança;

narcotráfico e dependência química; esgarçamento dos vínculos familiares; depressão, frustração e infelicidade.

Ainda é tempo de professarmos o mais radical ateísmo frente ao deus Mercado e, iconoclastas, apelarmos à ética para introduzir, como paradigma, a generosidade, a partilha dos bens da Terra e dos frutos do trabalho, a felicidade centrada nas condições dignas de vida e no aprofundamento espiritual da subjetividade.

Isso, contudo, só será possível se não ficarmos restritos à esfera da autoajuda, das terapias tranquilizadoras para suportarmos o estresse da competitividade, e nos mobilizarmos comunitariamente para organizar a esperança em novo projeto político fundado na globalização da solidariedade.

Eis o desafio ético que, como assinalou José Martí, será capaz de articular emancipação política e espiritual.

* * *

Hoje, fala-se muito em neoliberalismo para definir o novo caráter do capitalismo. O que significa isso? A essência do capitalismo é a progressiva acumulação do capital em mãos privadas. Os bens já não têm valor de uso; têm valor de troca. Não são para se viver; são para se vender.

No capitalismo, o dinheiro – essa abstração que representa valor – está acima dos direitos e das necessidades das pessoas.

Como observou François Houtart, após a Segunda Grande Guerra três fatores puxaram as rédeas do cavalo de corrida chamado capitalismo: o fortalecimento do movimento operário e o medo da expansão do comunismo, que fizeram os Estados burgueses regular os direitos trabalhistas; a implantação do socialismo no Leste europeu; e o projeto de desenvolvimento nacional em países pobres como o Brasil (conferência de Bandung, Indonésia, 1955).

Esses três fatores eram a pedra no casco do sistema capitalista que, por força deles, se viu obrigado a reduzir seu nível de acumulação e liberdade de apropriar-se de tudo que possa gerar riqueza.

O cavalo reagiu. No início da década de 1980, deu um coice na regulação do trabalho, lesando os direitos dos operários sob os eufemismos de flexibilização, terceirização etc.; e desmobilizou o movimento sindical, aumentou consideravelmente o índice de trabalhadores informais e o desemprego, agravados pela crescente informatização da economia.

O segundo coice, a partir de 1989, foi no socialismo, com a derrubada do Muro de Berlim e o esfacelamento da União Soviética, acrescido da cooptação da China, onde hoje predomina o capitalismo de Estado.

O terceiro, a partir da década de 1990, a globocolonização, a internacionalização da economia e a imposição ao planeta de um único modelo de sociedade, o anglo-saxônico, que predomina na zona rica do planeta.

Eis o neoliberalismo: livre de rédeas e freios, o cavalo corre desabalado na pista da acumulação.

Ocorre que a vida é feita de imprevistos. O sistema carrega em si suas próprias contradições. Como apontou Marx, ele é o seu próprio coveiro. O cavalo viu-se obrigado a desacelerar sua corrida por força da crise ecológica (o aquecimento global), da crise de superprodução (há mais oferta que demanda de produtos) e das crises financeiras (2008 nos EUA e 2012 na Europa Ocidental), que exauriram os bancos, fizeram desabar o sonho da casa própria de milhões de pessoas e provocaram amplo desemprego.

Os governos dos países capitalistas vivem se queixando de que o déficit público é alto e não têm dinheiro para o essencial: alimentação, saúde e educação etc. Porém, na hora em que o cavalo tropeça, o dinheiro imediatamente aparece para socorrê-los. Bush liberou US$ 145 bilhões para tentar evitar a recessão usamericana, e os Bancos Centrais do mundo rico tratam de disponibilizar seus balões de oxigênio financeiro aos bancos asfixiados pela crise ou em agonia diante de um mercado inadimplente.

Na Rio+20, em junho de 2012, se propôs um fundo de US$ 30 bilhões, garantido pelos países mais ricos, para financiar projetos de sustentabilidade nos países mais pobres. Não foi aprovado. Na semana anterior à Rio+20, o G-20, reunido no México, aprovou um fundo de US$ 456 bilhões para tentar salvar o sistema financeiro internacional.

Ora, não viviam clamando que o mercado é o melhor regulador da economia? Não viviam apregoando "menos Estado e mais mercado"? Por que agora todos correm aos braços acolhedores do Estado de bem-estar financeiro? E de onde veio toda essa fortuna antes negada aos direitos sociais, ao socorro da África, ao cumprimento das *Metas do Milênio*?

O curioso é que a origem do problema não é mundial. É local: os EUA. Como toda a economia mundial atrelou-se à hegemonia unipolar de Wall Street, se este espirra o mundo gripa.

O que ninguém duvida, entretanto, é que, mais uma vez, a conta de tantos tropeços do cavalo será paga pelos pobres. Assim funciona o sistema que promete liberdade, prosperidade e paz para todos, e não cumpre. Há que buscar outro mundo possível e sustentável.

* * *

O neoliberalismo não visa a destruir apenas as instâncias comunitárias criadas pela modernidade, como família, sindicato, movimentos sociais e Estado democrático. Seu projeto de atomização da sociedade reduz a pessoa à condição de indivíduo desconectado da conjuntura sócio-política-econômica na qual se insere, e o considera mero consumidor. Estende-se, portanto, também à esfera cultural.

Um dos avanços da modernidade foi, com o advento da democracia, reconhecer a pessoa como sujeito político. Este passou a ter, além de deveres, direitos. Dotado de consciência crítica, livrou-se da condição de servo cego e dócil às ordens de seu senhor, consciente de que autoridade não é sinônimo de verdade, nem poder de razão.

Agora, busca-se destituir a pessoa da condição de sujeito. O protótipo do cidadão neoliberal é o que se demite de qualquer pensamento crítico e, sobretudo, de participar de instâncias comunitárias. E para essa cultura da demissão voluntária contribui, de modo especial, a TV.

Em si, a TV é poderoso instrumento de formação e informação. Mas pode facilmente ser convertido em mecanismo de deformação e desinformação, sobretudo se atrelada à máquina publicitária que rege o mercado. Assim, a própria

TV torna-se um produto a ser consumido e, portanto, centrado no aumento dos índices de audiência.

Para isso, recorre-se a todo tipo de apelação, desde que os telespectadores sintam-se hipnotizados pelas imagens. O problema é que a janela eletrônica está aberta para dentro do núcleo familiar. É ali que ela despeja a profusão de imagens e atinge indistintamente adultos e crianças, sem o menor escrúpulo quanto ao universo de valores da família.

Se a TV transmitisse cultura – tudo aquilo que aprimora a nossa consciência e o nosso espírito -, seria o mais poderoso veículo de educação. É verdade, não deixa de fazê-lo, mas a regra geral não são os programas de densidade cultural, e sim o mero entretenimento - distrai, diverte e, sobretudo, abre a caixa de Pandora de nossos desejos inconfessáveis. A imagem "diz" o que não ousamos pronunciar.

Ao superar o diálogo entre pais e filhos e impor-se como interlocutora hegemônica dentro do núcleo familiar, a TV altera as referências simbólicas fundamentais do psiquismo infantil. É pelo falar que uma geração transfere à outra crenças, valores, nomes próprios, megarrelatos, genealogias, ritos, relações sociais etc. Transmite a própria aptidão humana de uso da palavra, pelo qual se tece a nossa subjetividade e identidade. É essa interação, propiciada pelo diálogo oral, cara a cara, que nos educa para as relações de alteridade, faz-nos reconhecer o eu diante do Outro, bem como as múltiplas conexões que ligam um ao outro, como emoções, imagens provocadas por gestos, expressões faciais carregadas de sentimentos etc.

A fala ou o diálogo demarcam referências fundamentais ao nosso equilíbrio psíquico, como a identificação do tempo (agora) e do espaço (aqui), e dos limites do meu ser em relação aos demais. Se a fala é substituída por uma enxurrada de imagens que visam a exacerbar os sentidos, as referências simbólicas da criança correm perigo. Ela tende à dificuldade de construir seu universo simbólico, não adquire sensos de temporalidade e historicidade. Tudo se reduz ao *aqui e agora*, à simultaneidade. A própria tecnologia que abrange distâncias em tempo real – internet, telefone celular etc. – favorece uma sensação de ubiquidade: "Eu não estou em nenhum lugar porque estou em todos".

Muitos professores se queixam de que os alunos não são tão atentos às aulas. Claro, o sonho deles seria poder mudar o professor de canal...

Crianças e jovens demonstram não ter facilidade para se expressar porque não sabem ouvir. Possuem raciocínio confuso, no qual a lógica derrapa frequentemente no aluvião de sentimentos contraditórios. Acreditam, sobretudo, que são inventores da roda e, portanto, pouco interessa o patrimônio cultural das gerações anteriores; o financeiro sim, sem dúvida.

Assim, a cultura perde refinamento e profundidade. Confina-se aos simulacros de *talk-show*, onde cada um opina segundo sua reação imediata, sem reconhecimento da competência do Outro. No caso da escola, este Outro é o professor, visto não só como destituído de autoridade, mas sobretudo como quem abusa de seu poder e não admite que os alunos o tratem de igual para igual...

Ora, já que o professor não "escuta", então só há um meio de fazê-lo ouvir: a violência. Pois foram educados pela TV, onde não há o exercício da argumentação paciente, da construção elucidativa, do aprimoramento do senso crítico. É o perde ou ganha incessante, e quase sempre à base da coação.

Assim, cai-se numa educação qualificada por Jean-Claude Michéa de "dissolução da lógica". Deixa-se de distinguir o prioritário do secundário, de perceber o texto em seu contexto, de identificar o particular no pano de fundo do geral, para acatar passivamente as pressões de consumo que buscam transformar valores éticos em meros valores pecuniários. Ou seja, tudo é mercadoria, e é o seu preço que imprime, a quem a possui, importância social, ainda que destituído de caráter.

Demite-se do ato de pensar, refletir, criticar e, sobretudo, participar do projeto de transformar a realidade. Tudo passa a uma questão de conveniência, gosto pessoal, simpatia. Também são considerados comercializáveis a biodiversidade, a defesa do meio ambiente, a responsabilidade social das empresas, o genoma, os órgãos arrancados de crianças etc.

É o apogeu do capitalismo total, capaz de mercantilizar até mesmo o nosso imaginário.

Corremos o sério risco de ficarmos encerrados numa história de espelhos movediços, sem linearidades, anticartesiana, barroca e, sobretudo, mágica.

* * *

Não tenho filhos. Mas, obviamente, sou filho, em companhia de mais sete irmãos. Se me faltam filhos biológicos, tenho-os espirituais ou por vínculos de parentesco. Tenho mais de uma dezena de sobrinhos e mais de duas dezenas de sobrinhos-netos.

Quando se fala em legado aos filhos há quem pense imediatamente em dinheiro. Tudo bem que os pais queiram fazer um pé-de-meia preocupados com o futuro de seus rebentos. Mas... cuidado! Não é dinheiro o que um filho mais espera dos pais, ainda que não saiba expressá-lo. É amor, amizade, apoio e, sobretudo, exemplo de vida.

Thomas Mann dizia que um bom exemplo é o melhor legado dos pais aos filhos.

Ainda que os pais, bafejados pela roda da fortuna, deixem a seus descendentes gordas heranças, estas não deveriam ser o principal. Nada mais perigoso a um jovem que centrar sua autoestima na conta bancária ou no patrimônio familiar. É meio caminho para se tornar arrogante, preconceituoso e vulnerável às drogas. Sobretudo à cocaína, cujo efeito anaboliza a prepotência. Ao primeiro revés, o herdeiro despencará no abismo, despreparado para enfrentar a realidade.

Quem não se sente subjetivamente valorizado corre o risco de querer nutrir sua autoestima por valores financeiros e patrimoniais. O ter suplantando o ser. Como o desejo tem fome de infinito, o tamanho da ambição costuma ter a medida da profundidade da frustração. Na Roma antiga, os filósofos aconselhavam a considerar necessário o suficiente. Uma sábia dica para saber lidar com a avassaladora pulsão consumista que assola o mundo.

O melhor legado aos filhos é, sem dúvida, uma boa educação. Não me refiro apenas à escolaridade, que é imprescindível. Pesquisas comprovam que o nível de escolaridade corresponde ao salarial no mercado de trabalho. Conhecimento é poder.

A educação ética deve ser a prioridade, não o consumo, e sim a aprendizado, brincadeiras e fantasias. Um jovem será tanto mais cidadão quanto mais se incutir nele esperanças altruístas, ideais, sentido de vida e utopias.

Toda criança é mimetista. Se os pais dizem que as pessoas merecem respeito e, ao mesmo tempo, tratam a faxineira como escrava virtual, com certeza o filho fará o mesmo quando adulto. Idem no que diz respeito à preservação ou degradação ambiental.

Como se queixar do filho obeso se os pais se empanturram à mesa e se entopem de açúcares e gorduras saturadas?

O legado moral consiste em evitar que o filho seja preconceituoso, mentiroso, invejoso, e saiba tratar cada ser humano com pleno respeito à sua dignidade e a seus direitos. Sobretudo, que tenha espírito crítico e disposição de tornar o mundo menos desigual e mais justo.

Com frequência, pais de adolescentes me consultam sobre como agir diante da indiferença religiosa dos filhos. Minha primeira reação é dizer que a pergunta veio com dez anos de atraso. Se os filhos tivessem 6 ou 8 anos, e não 16 e 18, eu saberia o que aconselhar: orem com eles, leiam e comentem a Bíblia, levem a sério o caráter religioso de datas como Páscoa, Natal ou, caso não sejam cristãos, as efemérides próprias de sua denominação religiosa.

E exercite-os na cada vez mais rara virtude da tolerância. Deus não tem religião. Ensinem a seus filhos não considerarem diferença divergência.

Pela ordem natural, pais morrem ou transvivenciam antes de seus filhos. Se indaguem que imagem vocês deixarão na memória de seus filhos? Lembrem-se de seus pais e avós. Quais recordações positivas e negativas imprimiram na memória afetiva deles? Deixaram saudades?

* * *

O rei de Creta encomendou a Dédalos o labirinto – palácio de intrincados percursos, onde as pessoas se perdiam, exceto Teseu, graças ao fio de Ariadne, que o conduziu à saída.

Menos de uma semana antes de morrer, a 10 de dezembro de 1830, Bolívar reagiu quando seu médico recomendou-lhe confessar-se antes de receber os sacramentos:

— Que significa isto? Estou assim tão doente que vens me falar de testamentos e confissões? Como poderei safar-me deste labirinto?

Ali se entra e, depois, tudo é mistério e surpresa: curvas, bifurcações, retorno ao mesmo ponto quando se imagina avançar, encruzilhadas, ocultamento de saídas, caos aparente, linhas distorcidas, vias que conduzem a lugar nenhum e obrigam a refazer o caminho, busca incessante de alternativas.

Gabriel García Márquez escreveu *O labirinto* para tentar decifrar o que Bolívar quis dizer ao citar esta metáfora.

Jorge Luis Borges não fez outra coisa na vida senão imaginar labirintos perfeitos, lineares, retangulares e circulares, espaciais e temporais, materiais e espirituais. Imaginou um labirinto de labirintos que abarcaria o passado e o futuro, e até mesmo as estrelas.

Octavio Paz, em *O labirinto da solidão*, descreve os espanhóis perdidos num labirinto de nostalgia e introspecção. De fato, a tela *Las meninas*, de Velásquez, de 1656, é o espelho do espelho do espelho...

Miró pintava labirintos para intrigar e entreter. Buñuel tinha uma visão labiríntica do mundo. Porém, o grande inspirador de todos os labirintos foi Cervantes, perdido nos corredores da razão e da loucura, das luzes e das trevas, entre Erasmo e Maquiavel.

Dom Quixote somos todos nós, latinos, que nos recusamos a fazer distinção entre sonho e realidade, ilusão e fato, quimera e concretude, utopia e história. La Mancha, com seus moinhos de vento, é a nossa pátria espiritual.

Nossos heróis são figuras míticas impregnadas dessa dubiedade. Manipulados pelo poder, esvaziados de sua rebeldia, figuram polidamente em nossos livros didáticos ou congelados em estátuas públicas como o avesso do que foram. Assim, os revoltosos mineiros são chamados de "inconfidentes", que significa delatores, indignos de confidência ou confiança. A rebelião é taxada de Inconfidência... Em expressão atualizada seria Deduragem Mineira.

E os bandeirantes, hoje consagrados em monumentos, vias e rodovias, não estão longe da versão barroca do esquadrão da morte rural. Que o digam os povos indígenas.[8]

8 Vide meu romance histórico, *Minas do Ouro* (Rocco), em que descrevo a saga dos bandeirantes.

Estes versos de Irmã Juana Inês de la Cruz, a primeira poeta latino-americana, retratam bem o nosso caráter: "Confusa, minha alma / divide-se em duas: / uma é escrava da paixão, / a outra serve à razão."

Nós, brasileiros, nos movemos em dois fantásticos labirintos: o primeiro, a burocracia estatal, que tememos e da qual não podemos escapar. Dela dependemos, embora horrorizados: infindáveis papéis, solicitações e requerimentos, taxas e filas, tributos incessantes. O direito concedido como favor; o burocrata travestido de sultão, dotado de poderes mágicos.

O segundo é o carnaval, a festa em que nos escondemos atrás das máscaras, e vestimos a fantasia do que não somos. Ali nossa identidade se desintegra e se reconstitui naquele outro ser que se esconde nos recônditos de nossa alma – ela também labiríntica, andrógina, complexa e cordial.

O carnaval é o grande ritual no qual ofertamos a Momo, no altar da alegria, no panteão dos carros alegóricos, a nossa rebeldia travestida em festa para gáudio dos senhores do poder que, de cima de seus camarotes de luxo, estampam cervejas em suas camisetas e estouram champanhas, felizes porque o ritual sublima o confronto direto. O povão lá embaixo disfarçado em reis e rainhas, enquanto lá em cima eles de fato reinam; o povão de casaca e cartola, enquanto eles mandam; o povão ridicularizando o poder, e eles, inebriados; além de deter o controle sobre as almas, desfrutam dionisiacamente da beleza dos corpos desnudos, naquele espaço em que o sangue se transmuta em suor, e a sensibilidade atinge o ápice como expressão fortuita de uma liberdade que é negada fora do confinamento orgiástico, prisão de todas as nossas pulsões libertárias.

Ali são virtualmente rompidas as fronteiras de raça e sexo, classe e poder. Apenas virtualmente...

Os espelhos movediços refletem a dádiva de Momo; advertem que são apenas uns poucos dias. Depois, sem máscara e fantasia, a realidade coloca cada um em seu devido lugar. E que ninguém tente ultrapassar os limites. Nem ouse estender o fio de Ariadne e encontrar a saída.

Teologia da libertação

NÃO ME É POSSÍVEL precisar exatamente quando ouvi, pela primeira vez, falar em teologia da libertação. No início da década de 1960, era comum referir-se à teologia da revolução, graças à volumosa obra de mesmo nome do padre José Comblin, belga radicado no Brasil, e à inserção de sacerdotes em movimentos revolucionários, como o colombiano Camilo Torres.

Acredito que a primeira vez foi na prisão, no início da década de 1970. Fernando de Brito, Ivo Lesbaupin e eu mantínhamos frequente correspondência com teólogos, como Leonardo Boff e Carlos Mesters. Talvez um deles tenha se referido à expressão. O certo é que, antes de deixar o cárcere, em fins de 1973, eu já havia lido a clássica obra de Gustavo Gutiérrez, *Teologia da libertação*.

Como qualquer outra teologia, a da libertação não nasceu nas cabeças privilegiadas de Gutiérrez ou Boff. Brotou de um processo que - para não ir longe no passado - emergiu durante a Segunda Grande Guerra, quando, na Europa, cristãos e comunistas deram-se às mãos para enfrentar o nazifascismo. Aquele cristianismo social chegou até nós por meio de autores como Mounier, Maritain, De Lubac, Congar, Chenu, Rahner, Guardini, e de movimentos como a Ação Católica. O avanço da doutrina social da Igreja - um século depois do marxismo! - permitiu que os temas da justiça e do Terceiro Mundo figurassem em lugar de destaque nas obras de autores como o padre Lebret, cuja influência foi decisiva na elaboração das encíclicas *Mater et Magistra*, de João XXIII, e *Pacem in Terris*, de Paulo VI.

Na década de 1950, chegou-se a falar em teologia do desenvolvimento. No Brasil, o catolicismo social viria a ter seu expoente no padre Leonel Franca e, sobretudo, em Alceu Amoroso Lima (Tristão de Athayde), mormente após a sua ruptura ideológica com Gustavo Corção, que involuiu nos últimos anos de vida. O autor de *Três alqueires e uma vaca* morreu magoado com o silêncio de Alceu Amoroso Lima, que jamais respondeu a seus ataques. Muitos anos depois, no Natal de 1982, fui com Lula visitá-lo no mosteiro da Paz, das beneditinas de São Paulo, cuja abadessa era sua filha Maria Teresa. Apesar da idade avançada, doutor Alceu emanava uma luz jovial e demonstrava uma curiosidade quase infantil por qualquer tema abordado. Naquela manhã, ao narrar-lhe as dificuldades enfrentadas devido ao meu apoio aos sindicalistas do ABC, ele ponderou com sabedoria:

— Não sou de dar conselhos a ninguém, mas quero passar-lhe uma experiência que sempre me assegurou paz de espírito: jamais se defenda de ataques pessoais.

Antes de a ditadura militar se implantar no Brasil e Tristão de Athayde brandir sua pena contra nas páginas do *Jornal do Brasil* (que, posteriormente, encontraria em Hélio Pellegrino um sucessor à altura), a JEC e a JUC já encarnavam o cristianismo progressista que viria a ter na

Ação Popular o seu instrumento político. Contudo, o golpe militar de 1º de abril de 1964 acelerou a ruptura da AP com a Igreja. O confronto entre bispos e Ação Católica jogou uma pá de cal sobre os movimentos especializados, com exceção da JOC. No entanto, antes do dilúvio, as páginas do semanário estudantil, *O Metropolitano*, revelaram a nova teologia que brotava da prática social daqueles estudantes, por meio de artigos assinados por Betinho (Herbert de Souza) e Vinicius Caldeira Brant. Um frade dominicano francês, o padre Jean Cardonnel, viria a reforçar a jovem esquerda cristã, autora do best-seller *Cristianismo hoje*.

Em São Paulo, outro dominicano, frei Carlos Josaphat, criaria o jornal *Brasil Urgente*, que aglutinaria em suas páginas os cristãos progressistas, e seria um dos precursores da imprensa nanica alternativa, que furou o bloqueio da censura à imprensa imposta pela ditadura.

A teologia da libertação já se encontrava latente no bojo desse movimento cristão voltado às causas sociais e políticas. Embora avançado para a época, pecava pela dificuldade de reconhecer a autonomia do político e tentava, em vão, disfarçar sua tendência de confessionalizar a vida política organizada. As aulas e obras do padre Henrique Vaz, filósofo jesuíta, em especial *Ontologia e história*, ao mesmo tempo que criticavam Marx à luz de Hegel, suscitavam nos jovens cristãos o interesse pelas teorias do autor de *O capital*, e propunham o Ideal Histórico como horizonte utópico.

Eu andava mergulhado naquele caldeirão que mesclava água benta com panfletos revolucionários e Jesus Cristo com Che Guevara, embora certos aspectos escapassem ao meu parco entendimento. Nunca cheguei a ser um convicto "apedeuta", como eram conhecidos os militantes da AP. Concordava com o seu programa, e seus dirigentes, como Betinho e José Serra, se hospedavam com frequência no apartamento em que eu morava no Rio. Porém, eu havia acatado o pedido formal da hierarquia eclesiástica para que dirigentes da Ação Católica não tivessem militância partidária. Mesmo após deixar a JEC e ingressar na Ordem Dominicana, em 1965, meus contatos com a AP se restringiram a encontros pessoais, à leitura interessada de seus documentos e, mais tarde, em São Paulo, a integrar, por breve período, um grupo teórico coordenado por Duarte Pacheco e dedicado à tarefa de traduzir e introduzir no Brasil o marxismo estruturalista de Louis Althusser. O que me intrigava no grupo é que todos se conheciam pelo nome, e havia um norte-americano que falava pelos cotovelos. Depois, a AP tomou o rumo da China e a perdi de vista.

Só com o aparecimento das Comunidades Eclesiais de Base é que a teologia da libertação despontaria. Tudo indica que as CEBs tiveram início no princípio da década de 1960, por obra e graça de Dom Agnelo Rossi, bispo de Volta Redonda, e de Dom Eugenio Sales, bispo de Natal. Interessados em esvaziar a Ação Católica progressista, supradiocesana e com direção sediada no Rio, eles teriam incentivado os leigos das paróquias mais pobres - em geral, sem padres - a se organizarem em pequenos grupos que pudessem suprir, no atendimento pastoral, a ausência do sacerdote. De início, as CEBs eram acentuadamente clericais; restringiam-se à catequese de crianças e às celebrações dominicais da Palavra. Logo, a ditadura militar viria favorecer seu crescimento vertiginoso. Ao cercear todos os movimentos populares, sindicais e políticos, o golpe de 64 levou amplos setores populares a buscarem o único espaço de rearticulação possível: a Igreja. Portanto, não foi propriamente a Igreja que optou pelos pobres, foram os pobres que invadiram a Igreja por meio das CEBs. E a enxurrada levou de roldão freiras, padres e bispos.

* * *

Faça-se a experiência de entregar às mãos de um mineiro *Doutor Fausto*, de Goethe, e *Grande Sertão, Veredas*, de Guimarães Rosa, em mãos de um alemão. Os dois provavelmente vão se sentir como o sujeito que entrou no filme errado e, para não perder o dinheiro do ingresso, se esforça para aguentar a sessão até o fim. Em seguida, invertam-se as obras; entreguem-se Goethe ao alemão e Rosa ao mineiro. Cada um sentir-se-á na própria casa. Esta experiência demonstra um princípio elementar da teoria literária: o mesmo texto não é lido do mesmo modo por dois leitores de contextos diferentes. Um texto comporta tantas leituras quanto forem os leitores. Como autor, inúmeras vezes me deparei com pessoas que extraíram de um texto escrito por mim conclusões inteiramente diferentes.

Há ainda um outro princípio tão importante quanto o primeiro, embora menos evidente: um texto é melhor compreendido quando lido dentro do contexto em que foi produzido. O mineiro terá mais condições de captar o texto de Guimarães Rosa do que o alemão; este, sem dúvida, entenderá melhor o *Doutor Fausto*.

Ressalto tais princípios para explicar por que as Comunidades Eclesiais de Base operaram na Igreja Católica uma verdadeira revolução epistemológica ao criarem a teologia da libertação. Ao se apropriarem da Bíblia, passaram a fazer uma leitura diferente da ótica dos clérigos que vivem fora do universo popular. Minha leitura bíblica, por exemplo, era de quem abre uma janela para contemplar interessantes fatos do passado. A Palavra de Deus estava muito distante da atualidade. Minha fé não duvidava de que aqueles prodígios tivessem ocorrido, mas não era suficiente para crer que algo semelhante pudesse acontecer no século XX.

Quando comecei a participar dos Círculos Bíblicos, em 1972, na Penitenciária de Presidente Venceslau,[9] constatei que os presos comuns não liam a Bíblia como quem abre uma janela para debruçar-se sobre o passado, e sim como quem se olha no espelho para reconhecer melhor o próprio rosto, aqui e agora. Esta a diferença fundamental introduzida pelas CEBs. Os empobrecidos não estão interessados no passado, mas no presente e no futuro. A Bíblia é para eles como um holofote aceso pela energia da fé; serve para iluminar o chão da vida, no qual caminham sofridos e esperançosos. Porque encontram-se num contexto muito semelhante ao que o texto foi produzido - exílio, opressão,

9 Vide *Diário de Fernando – nos cárceres da ditadura militar brasileira* (Rio, Rocco, 2009).

doença - por isso podem captá-lo melhor do que o velho cura internado em sua biblioteca como quem tudo conhece de uma máquina de fazer café, mas cujo paladar nunca provou a saborosa e aromática rubiácea escaldante.

Minha situação social é relativamente estável. Faça sol ou chuva, tenho a possibilidade de três refeições diárias. A ponto de, se quisesse, poder falar de Deus mais preocupado com a retórica e a ortodoxia que a incidência de Sua palavra em nossas vidas. Todavia, os pobres vivem no estreito limite da esfera da necessidade. Têm sempre de menos. Ora, falar de Deus num contexto de fome e desemprego é qualitativamente diferente do que fazê-lo na esfera do supérfluo. Falar de Deus desde a situação de carência, de luta pela sobrevivência, de participação em movimentos populares, opera uma mudança substancial no discurso teológico e engendra a teologia da libertação. O que mais deseja o pobre é libertar-se da pobreza em que vive.

Por que a maioria dos teólogos da libertação se encontra no Terceiro Mundo? Desde que a Igreja se ocidentalizou, após o século XI, todas as grandes correntes teológicas tiveram origem na Europa. Se alguma novidade surgira em outro continente, ficara confinada a seu espaço de origem, sem afetar o centro romano. Contudo, as décadas de 1960 e 1970 fizeram aparecer a teologia da libertação como inquietante novidade.

Teria surgido da cabeça de teólogos latino-americanos? Por que não brotou da mente de teólogos alemães ou franceses? A resposta a esta questão define a teologia da libertação. A sua originalidade consiste exatamente em não ter emergido da lâmpada de Aladim de nenhum teólogo, e sim da prática das CEBs. Foram os cristãos oprimidos da América Latina, inseridos em movimentos libertários, que gestaram a teologia da libertação. Portanto, as CEBs constituem ato primeiro; a teologia da libertação, ato segundo.

Gustavo Gutiérrez não poderia ter escrito a sua clássica obra, lançada em 1971, se não tivesse entrado em contato com todo esse movimento comunitário favorecido pelo Concílio Vaticano II (1963-1965) e confirmado pelos bispos do continente na reunião de Medellín (1968). Não por acaso o teólogo peruano dedicou a sua obra ao padre Henrique Pereira Neto, assassinado em 1969, no Recife, pela ditadura militar. Naquela data, Gutiérrez encontrava-se no Brasil; pesquisava a prática da libertação na memória da JUC e na atuação das CEBs.

Não se concebe um teólogo da libertação desvinculado das lutas populares. Seria o mesmo que pretender esculpir em terracota sem pôr as mãos no barro. É nas CEBs que os teólogos recolhem a matéria-prima que sistematizam em suas obras. Gutiérrez é filho de quéchua e assessorava as CEBs do Peru. Leonardo Boff trabalhou com as comunidades do lixão de Petrópolis e o movimento de direitos humanos. Jon Sobrino viveu anos sob o fogo cerrado da luta entre exército e guerrilha, em El Salvador. Ronaldo Muñoz resistiu à ditadura de Pinochet. Pablo Richard, chileno exilado na Costa Rica, assessorava as CEBs de toda a América Latina. J. B. Libanio sempre assessorou comunidades carentes. Os exemplos se multiplicam, sobretudo se considerarmos que teólogos não são apenas aqueles que obtiveram o doutorado em teologia. Estes são teólogos acadêmicos, profissionais, que somam inserção popular e conhecimento erudito da tradição teológica e das ciências correlatas. Há também um vasto elenco de teólogos pastorais, leigos, religiosas e padres que acompanham de perto as CEBs. E há ainda um número infindável de teólogos populares, lavradores, operários, donas de casa, indígenas e desempregados, que expressam a voz do Espírito na sabedoria de vida.

Falar de Deus na greve de mineiros na Bolívia, no campo de refugiados guatemaltecos no México ou na ocupação de terra no Brasil, não é o mesmo que falar de Deus em Tubigen, na Universidade Gregoriana de Roma ou na catedral de São Patrício, em Nova York. O contexto influi no texto e favorece o pretexto. Em outras palavras, o lugar social a partir do qual se reflete a vida de fé determina a natureza do discurso teológico. A teologia da libertação fala de Deus a partir do lugar social dos oprimidos, e isso delineia o seu perfil.

No decorrer da conferência episcopal de Puebla assisti à coletiva de imprensa de Dom Moacyr Grecchi, então bispo do Acre. Contou que quando vivia em São Paulo, como superior dos padres servitas, sentia certa ojeriza ao escutar um sacerdote falar em opressão, libertação etc. Parecia-lhe uma linguagem muito política, pouco adequada a um ministro de Deus. Mais tarde, bispo em uma das regiões mais pobres e conflitivas da Amazônia, verificou que aquelas mesmas expressões lhe soavam doces para exprimir a trágica realidade que o cercava. Querer apreender o texto fora de seu contexto é ignorar o pretexto pelo qual ele foi escrito.

O cardeal Ratzinger teria menos dificuldade em compreender a teologia da libertação se tivesse aceitado o convite para passar dois ou três meses nas CEBs do Brasil. Por trás das obras de João Batista Libanio, Ronaldo Muñoz ou Elsa Támez há toda uma experiência de luta, sofrimentos, perseguições e martírios.

Porém, nem sempre os militantes das CEBs conseguem captar essa bibliografia teológica. É verdade que as primeiras obras de Leonardo Boff continham muito mais neologismos que as mais recentes. Perdulário na escrita, ele abrasileirava expressões germânicas com a mesma desenvoltura com que estabelece conexões entre cristologia e epistemologia, história e exegese, eclesiologia e política. Seus textos da década de 1980 são bem menos germanizados, na estrutura e na linguagem, deixando transparecer seu acentuado espírito franciscano. Boff consegue algo excepcional em teologia moderna: quebrar a distância entre racionalidade teológica e espiritualidade. Seus livros servem para ser lidos e rezados; abastecem razão e coração; mexem com as nossas concepções religiosas e sensibilidade estética.

O grande desafio dos teólogos da libertação é conseguirem ser lidos por aqueles de quem extraem a matéria-prima às suas reflexões. Não é fácil. Como toda ciência, a teologia exige rigor. Com certeza, a obra mais difícil que já enfrentei foi *Teologia do político*, de Clodovis Boff. No entanto, o irmão mais novo de Leonardo Boff é autor de excelentes textos acessíveis à leitura popular, sem detrimento do rigor teológico, como suas *Cartas teológicas do socialismo*. Mas Clodovis é uma exceção. E não creio que essa regra deva ter muitos casos semelhantes.[10] O teólogo profissional tem mais é que produzir vinho novo em odres velhos. Nem todo mundo reúne tantos talentos como Santo Tomás de Aquino, capaz de condensar sua enciclopédica cultura em resumos, sumas teológicas de fácil acesso. É mais sensato esperar que teólogos pastorais produzam versões populares de textos clássicos.

10 Desde o início do terceiro milênio, Clodovis Boff se distanciou da teologia da libertação.

A espiritualidade que almejo

DIÓGENES LAÉRCIO DISSE um dia a Platão:

— Posso ver uma mesa e uma xícara; mas não isto a que você se refere, a mesidade e a xicaridade.

O fundador da Academia retrucou:

— Para ver uma mesa e uma xícara você precisa de olhos, e você os tem. Para ver mesidade e xicaridade precisa de inteligência, e você não a tem.

Inteligência deriva de *intro legere*, ser capaz de ler dentro, de captar com acuidade o que há atrás das aparências, de alcançar a essência. Todos sabemos ou ao menos intuímos que a realidade percebida por nossos sentidos é apenas a ponta do iceberg.

Há uma íntima conexão entre todas as coisas. O primeiro a percebê-la foi Tales de Mileto, filósofo grego do século VI a.C. Suas obras não chegaram até nós. Mas há quem lhe atribua a autoria do *Guia de navegação pelas estrelas*, suspeita que ele divide com Focos de Samos.

As ideias de Tales de Mileto chegaram até nós graças aos comentários de Platão, Aristóteles, Teofrato, Simplício, Diógenes e Eudemo. Para aquele que é considerado o primeiro filósofo, "todas as coisas estão cheias de deuses." Há uma sacralidade inerente a todo o criado. Proposição que, com certeza, era conhecida pelo apóstolo Paulo, que a cristianizou ao afirmar: "Ele não está longe de cada um de nós, pois nele vivemos, nos movemos e existimos, como alguns dentre os poetas de vocês disseram: 'Somos da raça do próprio Deus'" (*Atos dos Apóstolos*, 17, 27-28).

Tales reconhecia na água a matéria-prima da natureza, o sustentáculo da Terra. Não se equivocou de todo, se considerarmos que 70% de nosso corpo e da Terra são constituídos por água, e a fórmula da água – H_2O – indica que ela se compõe de duas moléculas de hidrogênio e uma de oxigênio. E na escala atômica o hidrogênio está na origem de toda matéria.

Encantado com as ideias de Tales, Nietzsche sublinhou que a água, como "útero materno de todas as coisas", nos remete à origem do Universo, e a proposição contém "em gérmen a ideia de que Tudo é Um." No *Gênesis*, o autor bíblico inclui a água como elemento primordial, citado já no segundo versículo: "Javé pairava sobre as águas" (1,2).

No século XX, a ciência comprovou que tudo que existe pré-existe, subsiste e coexiste. Todos os seres da natureza, incluídos o homem e a mulher, são feitos dos mesmos 92 átomos – a tabela periódica - resultantes da explosão inicial do Universo, o Big Bang, há cerca de 13,7 bilhões de anos.[11]

Átomos e moléculas de nosso organismo sabem contar a história do que foram antes, desde que a vida emergiu do fundo dos mares e evoluiu pelos reinos mineral, vegetal e animal. Por isso, viver é dar um beijo na boca da natureza. Nossas células se alimentam do gás que ingerimos pela boca e nariz, o oxigênio, produzido pelos plânctons e pelas

11 Em *A obra do Artista – uma visão holística do Universo* (José Olympio) descrevo o processo evolutivo do Big Bang ao surgimento do ser humano.

plantas; ao expirar retribuímos a plânctons e plantas o nutriente que os sustenta, o gás carbônico.

Nossa vida se mantém graças à capacidade de reciclar a natureza num gesto cotidianamente eucarístico. Os alimentos ingeridos no almoço eram vegetais que estavam vivos e morreram para nos dar vida, na forma de salada; grãos que estavam vivos, o arroz e o feijão, morreram para nos dar vida; animais que estavam vivos – a carne de peixe, frango ou gado – morreram para nos dar vida.

Teilhard de Chardin afirma que todas as coisas são impelidas rumo à completa sinergia, o Ponto Ômega, que a fé identifica com Cristo Ressuscitado, no qual, no futuro, seremos todos unificados, sem no entanto perder a nossa individualidade. Mistério que só encontra analogia na união da Santíssima Trindade, três pessoas distintas em eterna comunhão amorosa.[12]

Se fôssemos capazes de seguir o conselho de Platão e perceber essa unidade entre todos os seres - a *cosmofraternura* que nos une, a energia vital que faz da vida esse maravilhoso milagre -, com certeza seríamos menos insensíveis perante a miserável situação em que sobrevivem tantos de nossos semelhantes.

* * *

Um homem muito rico, acometido de grave doença e desenganado pelos médicos, convocou filhos e netos para comunicar-lhes

12 Ver minha introdução ao pensador francês em *Sinfonia Universal – a cosmovisão de Teilhard de Chardin*. Livraria virtual: freibetto.org.

a herança que lhes deixaria. Todos, ansiosos, compareceram ao hospital. Formaram uma grande roda em torno do leito.

Dada a ordem, o advogado do enfermo abriu a pasta e distribuiu aos herdeiros caixas de fósforos, uma para cada um. Decepcionados, entreolharam-se e, ao abrirem a caixinha, encontraram pequenas sementes. O homem, tomando em mãos uma das caixas, explicou:

— Esta semente é a do amor; esta, da solidariedade; esta aqui, da compaixão; esta, da amizade; aquela ali, do perdão. Se vocês souberem cultivá-las, haverão de ser felizes.

E acrescentou:

— A fortuna que acumulei será destinada a obras sociais.

As obras de justiça e a partilha são o fundamento de toda verdadeira espiritualidade.

* * *

O que é espiritualidade? Eis uma pergunta que me faço a vida toda. E ainda me inquieta. É como o nome de Deus, tão vulgarmente pronunciado por nós e, no entanto, impenetrável. Como é mesmo que Ele se chama? Javé, Eloim, Adonai, Alá, Senhor?

Ao conhecer uma pessoa, nossa primeira curiosidade é perguntar o nome. A segunda é saber quem é, o que faz. Segundo Êxodo 3, 1-15, foi Javé quem tomou a iniciativa de ir ao encontro de Moisés, enquanto este apascentava o rebanho de Jetro, seu sogro. Antes de identificar-se pelo nome, Javé preferiu mostrar-lhe o currículo: “Eu sou o Deus de teus pais, o Deus de Abraão, o Deus de Isaac e o Deus de Jacó.”

Em uma cultura politeísta, não se tratava de um deus qualquer. Era um Deus que tinha história, e esta história abrangia os patriarcas hebreus. Só em seguida Javé disse o nome: "Eu sou aquele que é". Puro verbo, ação.

Talvez seja isto a espiritualidade: o cerne do nosso ser, ser o que se é, para que não tenhamos que grafar na lápide de nossos túmulos o terrível aforismo cunhado por Fernando Pessoa: "Fui o que não sou".

Se uma pessoa se nos apresenta pelo telefone, diz o nome e o que faz, fica a expectativa de conhecer-lhe o rosto. É o que desejava Moisés: ver a face de Deus. Gosto muito da resposta de Javé em Êxodo 33, 19: "Farei passar diante de ti toda a minha beleza", mas se recusa a mostrar-lhe a face. Aqui está a chave da espiritualidade.

A beleza é sempre atraente, sedutora, objeto de nossa incessante contemplação. Posso ficar extasiado diante de uma mulher bonita e, no entanto, ela oculta de mim a sua "face", ou seja, só saberei quem de fato é se falar-me, revelar-se, escancarar-me a sua mente e o seu coração.

Essa é sempre uma experiência da subjetividade. As palavras moldam a nossa interioridade. Por isso, toda experiência estética é subjetiva. Por mais que uma mulher seja coroada Miss Universo como a mais bela do mundo, sua beleza não se compara à da mulher amada.

Conhecer a face de Deus é deixar que Aquele "que é" seja em mim. Abrir o coração para que Ele fale, não na retórica convencional de duas pessoas que conversam, mas na linguagem empregada pelos amantes - sugestiva, simbólica, tecida em pausas de silêncio. Isso é beleza.

A espiritualidade constitui o fundamento, a base, a motivação de nossa vida interior. Dentro do Cristianismo existem várias famílias espirituais: pentecostal, carismática, militante... No Catolicismo temos as espiritualidades dominicana, beneditina, franciscana, jesuítica, das filhas de Maria, dos congregados marianos, enfim, enorme variedade de tradições ou motivações espirituais, nas quais cada um busca suas referências. É o poço onde cada um se abastece na vida espiritual.

A espiritualidade é o nosso verdadeiro eu, que muitas vezes não conseguimos vivenciar. Esse eu, na verdade, é um Outro Eu, que está sempre a apontar o rumo certo de nossas vidas.

Santo Tomás de Aquino diz que quanto mais penetro minha interioridade em busca de mim mesmo, mais encontro um Outro que não sou eu, mas é Ele quem revela a minha verdadeira identidade.

Talvez seja esta uma das razões pelas quais às vezes se foge da oração - medo de olhar cara a cara o verdadeiro eu. Ao encontrá-lo, sabe-se que é hora de mudar o rumo da vida.

A palavra conversão é uma categoria de trânsito. Eu vinha por aqui e, agora, devo tomar aquele outro rumo. Isso a oração faz ter consciência. Mas muitas vezes deixo de orar para evitar essa consciência e a exigência de mudança de vida.

* * *

Qual deve ser a minha espiritualidade? Há muitas tradições religiosas: mulçumanas, judias, budistas; tradições africanas como candomblé, indígenas como o Santo Daime.

Cada fiel encontra referências dentro de sua tradição. Mas no universo dos cristãos, entre tantas espiritualidades, penso que o melhor é ficar com a de Jesus.

Qual a espiritualidade de Jesus? Eis uma pergunta que me acompanha a vida toda. Não estou seguro de ter encontrado a resposta. Ouso, sim, esboçar uma resposta.

Jesus tinha fé como nós. Tenho encontrado amigos que, ainda por influência de uma catequese equivocada, imaginam que Jesus era homem por fora e Deus por dentro, e a consciência dele permanecia diretamente conectada com Deus Pai. Isso é pura mitologia! Prova de que Jesus tinha fé foi a crise em que ele perguntou: "Meu Deus, meu Deus, porque me abandonaste?" (*Mateus* 27, 46).

Quantas vezes não nos sentimos abandonados por Deus! Há momentos em que Ele faz um silêncio insuportável! Foi assim para muitos judeus e cristãos abalados em sua fé, enquanto os fornos crematórios dos campos de concentração consumiam as vítimas do nazismo.

Me ocorreu o mesmo pouco antes de ingressar no noviciado dos dominicanos. O Deus que despertara em mim a vocação religiosa, e me fizera abandonar a faculdade e a militância estudantil para entrar num convento, de repente silenciara. Na obscuridade da noite que se fez em meu espírito, lutei, como Jacó, com o anjo, "até surgir a aurora" (*Gênesis* 32, 25-30).

Sei o que experimentou Jacó ao duelar com o anjo. Enfrentei-o quando aos meus pés faltou chão e, no horizonte, o sol se apagou aos meus olhos. A escuridão invadiu-me: primeiro engoliu as pernas; em seguida, os braços; depois, todo o meu ser. Por fim, dragão insaciável, tragou-me a identidade.

Mergulhado na noite, partido e perdido, exilei-me em dúvidas. No início, senti-me sugado pelo abismo. Tudo em volta evaporou. Fiquei às tontas, em queda livre num poço sem fundo. Todas as minhas certezas se volatilizaram, meu mapa converteu a geografia num hermético labirinto, minhas crenças professaram a negação de toda fé.

Cego, viajei numa espiral alucinada, acorrentado à desrazão da insensatez. Sufocava-me o afluxo da vida em despropósito. Náufrago num oceano vazio de águas e limites, ocupei o lugar de Jonas no ventre da baleia.

Não há sofrimento maior do que perder-se de si torturado pelo esplendor da lucidez. Quem me dera, naquela noite escura, fosse eu tomado pela sadia loucura dos atropelos irreversíveis da mente. Quisera, qual demente, estar fora de mim sem a consciência do banimento ontológico. E apoiar-me em qualquer uma das referências que, até então, haviam servido de marco em minha estrada de vida: um sonho, um encantamento, uma ideia compulsiva, um desejo irrefreável, uma crença em forma de sacrário.

Ao menos um ruído, como o apito do trem que cortava a minha cidade e, agora, ainda atravessa-me a nostalgia do coração. Ou o cheiro morno do pão de queijo trazido do forno à mesa, a suave elasticidade do polvilho, o aroma adocicado e quente do café.

Nada disso me consolava. Havia apenas o vazio, o vazio, o vazio. O caos primordial, antes que Javé despertasse de seu sono eterno e, distraído, tropeçasse na ideia de criar o mundo.

Deu-se então o início do meu aprendizado. Primeiro, a consciência de que era preciso fazer a travessia. Às cegas. Jogar-me no rio sem a menor noção de quão distante se encontrava a margem oposta. Caminhar rumo ao plexo solar. Desatar os nós. Mergulhar naquele abismo infindável, atirar-me do trapézio com os olhos vendados, empreender a ousada viagem rumo à morte, apoiado apenas por um fio de esperança: do lado de lá me aguardava não a morte, e sim a plenitude da vida.

Caminhei na senda escura entre escorpiões e escaravelhos, aranhas e lagartos, a mente assaltada por fantasmas que, nela, suscitavam desde as mais pavorosas fantasias ao hedonismo desenfreado.

Desprendida da alma, a imaginação se ensoberbece e cavalga, alada, o carrossel da luxúria. A razão desalinha, as ideias esvoaçam, os propósitos atolam-se na lassidão do espírito fenecido.

Foi preciso ajoelhar-me e, reverente, escutar o silêncio. Como Elias, não aguardei o trovão, o rugir dos ventos, a voracidade flamejante do fogo. Apenas a brisa suave, assim como o navegador, finda a borrasca, recebe contente a chegada da calmaria.

Isso, porém, custou. Pois é inesperado, indescritível, mistérios dos mistérios. Para chegar lá, urge amansar leões, enfrentar dragões, conviver, destemido, no ninho das serpentes. E saber perder. Vão-se as ilusões, as máscaras; vai-se aquele outro que insiste em se disfarçar de eu. No fogo tímido da lenha úmida, todas as falsas verdades são lentamente queimadas. Então, instaura-se a nudez. É a hora da vertigem.

No duelo com o anjo, apenas na hora da vertigem me dei conta de que não brotava de minhas forças o ímpeto que me fazia atingir a terceira margem do rio. Alguém soprava o vento que inflava as velas do meu barco. Alguém movia as águas. Essa consciência, de que uma estranha energia me impelia sem que eu pudesse identificá-la, tornou-se progressivamente aguda. Sim, minha vontade havia dado o primeiro passo; minha razão denunciara, insistente, a insensatez da travessia; meus atavismos resistiram a abandonar a margem de origem.

Havia, porém, um outro fator que só percebi ao perder de vista a margem que deixara sem, no entanto, vislumbrar a oposta. A queda transmutou-se em ascensão; o abismo, em montanha; a vertigem, em êxtase.

Foram pelo menos sete meses de profunda angústia. Como um mosaico que se desfaz, restaram-me fragmentos de fé; e muitas, muitas dúvidas, que me conduziam à descrença.

O mestre de noviços, frei Henrique Marques da Silva, dispensou-me de missas e orações comunitárias. Disposto a retornar à vida anterior, procurei meu diretor espiritual, frei Martinho Penido Burnier, com quem me abri. Ele sorriu e, imbuído da sabedoria oriental adquirida nos anos de estudos bíblicos na Palestina, indagou-me:

— Se você estivesse caminhando à noite nfuma floresta e a pilha de sua lanterna acabasse, o que faria? Continuaria a caminhar ou esperaria amanhecer?

Respondi-lhe o óbvio.

— Então espera amanhecer - aconselhou-me.

Recomendou-me a leitura das obras de Santa Teresa de Ávila. Teresa me resgatou de uma religiosidade sociológica para uma fé teologal. Deus deixou de ser para mim um conceito para tornar-se uma experiência de amor.

O anjo depôs armas, afastou-se da porta do Éden e deixou que Ele se me apossasse. Fiquei visceralmente apaixonado. Tudo em mim e à minha volta transluzia amor. E nada me atraía mais fortemente do que perder tempo na alcova. Outra coisa eu não pensava nem queria ou desejava do que sentir-me abrasado de amor. As entranhas queimavam; o peito ardia em febre; a mente, calada, observava a razão tragada pela inteligência. Eu me encontrava em alguém fora de mim que, no entanto, se escondia no recanto mais íntimo do meu ser e, de lá, projetava a sua luz sem se deixar ver ou tocar.

* * *

A oração é o adubo da fé. Por isso Jesus orava. Ele tinha fé como nós e a comprovação é que dedicava longas horas do dia à oração. Quem tem visão direta de Deus não precisa orar. Só o faz quem se sente impelido a aprofundar a sua relação de intimidade com Deus.

Lucas registra com acuidade os momentos de oração de Jesus: "Ele, porém, permanecia retirado em lugares desertos e orava" (5, 16); "certo dia, orava em particular" (9, 18); "subiu a montanha para orar" (9, 28).

A oração é para o cristão o que a relação afetiva é para o casal que se ama. Se não tem momentos de intimidade é como o cristão que diz que ama a Deus e ao próximo, mas não reserva momentos de intimidade com Deus. Esses momentos chamam-se oração.

Lucas observa que "Jesus se levantou muito cedo e foi a um lugar deserto para orar" (4, 42) ou que "subiu ao monte e passou a noite toda em oração" (6, 12). Quem de nós passa "a noite toda em oração"?

Nós, filhos da modernidade, ao contrário dos povos indígenas somos escravos do tempo. Trazemos no pulso as algemas do tempo, dividido em horas, minutos e segundos. Não sabemos "perder" tempo com Deus. Cada vez mais oramos menos. Perdemos a dimensão de gratuidade do amor de Deus.

Imagine os pais dizerem à filha enamorada: "Ontem você ficou muito tempo com seu namorado. Hoje, aproveita para conversar com ele tudo que você tem a falar e volta para casa". Ou perguntar: "Por que você ficou namorando tantas horas?"

Onde há amor, o tempo é estorvo. O sonho dos amantes é fazer os ponteiros do relógio cessarem no infinito. No entanto, fazemos isso com Deus.

Nós, escravos do tempo, não sabemos dispor de tempo para desfrutar da experiência amorosa de Deus. Falamos de Deus, falamos sobre Deus, rogamos a Deus, suplicamos a Deus... mas não deixamos Deus falar em nós.

Um dos maiores desafios de minha vida espiritual é reservar, no dia a dia, tempo para curtir o amor de Deus, assim como encontro tempo para comer e dormir. Sim, sei muito bem que essas duas coisas situam-se na esfera da necessidade, enquanto "namorar" Deus pertence à esfera da gratuidade.

Nossa cultura ensina que tempo é dinheiro. Só se gasta tempo com o que tem proveito imediato e palpável. Daí a dificuldade de abrir espaço à oração.

Não há dificuldade de abrir espaço à relação amorosa, sobretudo quando ela irrompe como paixão. A pessoa mais ocupada do mundo haverá de encontrar tempo para o ser amado, ainda que obrigado a sacrificar o sono e a agenda de trabalho. Claro, nesse caso há um "retorno", o sentir-se amado. A relação custo/benefício fica gratificada.

Em se tratando da relação com Deus as coisas são diferentes. E onde reside essa diferença? Deus é ciumento e, portanto, exige que, primeiro, abandonemos os antigos "amores" - apegos e supostos valores que nos impedem de estar próximos dele. Sem tais renúncias nosso espírito permanece opaco à presença Dele. Como todo amante, Ele exige exclusividade. Porém, ao contrário dos amantes, não nos quer só para si. Faz do amor que tem a nós fonte transbordante de amor à natureza e aos outros. Isso se chama felicidade.

A catequese, até há poucos anos, nos formava nessa ideia de que Deus habita o alto de uma montanha. Deus é santo e puro, e só sendo santo e puro mereço me sentir próximo de Deus. Deus está lá em cima e devo subir a escada que me conduz a Ele, escada que tem muitos degraus, e se chamam virtudes morais.

Subo a escada mas, como sou pecador, rolo para baixo, me arrependo, prometo a mim mesmo melhorar de vida e, de novo, retomo o caminho da subida. Mas caio novamente para baixo. É o que os gregos chamavam de "mito de Sísifo".

Sísifo tentava levar uma pedra para o alto da montanha, mas a pedra era mais pesada do que o corpo dele, e cada vez que subia, voltava para baixo.

Essa ideia de que preciso ser santo para estar próximo da santidade de Deus é estranha ao Evangelho. É própria da espiritualidade pagã. O paganismo é uma religião. Muitos acham que pagão é aquele que não tem religião. Os pagãos tinham seus deuses: Afrodite, Apolo, Júpiter etc. Essa é a espiritualidade da meritocracia, do mérito. Porque sou santo, mereço o prêmio chamado Deus.

O Evangelho mostra a espiritualidade de Jesus na direção inversa. Ele não veio para os santos, mas para os pecadores. Não há montanha nem há Deus lá em cima, o que há é um Deus que nos ama, profunda e radicalmente, um amor incondicional. Não porque merecemos; a questão não está em nós. Mas porque Deus é amor. Se Deus deixasse de nos amar, se negaria como Deus. O amor de Deus é absolutamente incondicional. Na nossa liberdade, nós é que decidimos nos abrir mais ou menos para esse amor.

Quem melhor retrata a relação de amor que Deus tem conosco é o livro do profeta Oseias. Oseias era hebreu. Casou-se com uma mulher pagã chamada Gomer. Ela vinha de outra tradição de valores, de outra espiritualidade. O casamento deles, como muitos casamentos, caiu na rotina. Marido e mulher esqueceram que eram amantes, viraram parentes.

Gomer abandonou a casa, se separou de Oseias. Então ele se deu conta de como gostava dela. Ela casou com um vizinho, e ele continuou apaixonado pela mulher. Ela se separou do vizinho e casou-se com outro. E ele ficou com uma dor de corno daquelas bravas. De casamento em casamento, ela acabou se degradando e se prostituiu. Ele ficou ainda mais apaixonado pela mulher.

Ela se degradou tanto que foi vendida como escrava no mercado da cidade. Oseias foi lá e arrematou-a. Como a Bíblia é também um livro de poesia, diz o texto bíblico "...levou-a ao deserto e falou-lhe ao coração" (*Oseias* 2, 16).

O que a história de Oseias quer ensinar? Assim é o amor de Deus, não importa o que fizermos, Ele jamais deixará de estar apaixonado por nós.

* * *

Qual a melhor definição para a espiritualidade de Jesus, que vivia em relação amorosa com o Pai? O judeu, na época de Jesus, não pronunciava o nome de Javé. Por considerá-lo tão sagrado, o nome de Deus era impronunciável.

Jesus, cuja espiritualidade era forjada nessa intimidade orante, de tal maneira se sentia próximo de Deus, que o tratava de "Pai", utilizando uma das poucas palavras em aramaico – a língua falada por ele – que aparece no Evangelho: "Abba". Significa 'meu Pai muito amado, muito querido'. Assim tratava Deus, com intimidade amorosa.

A espiritualidade de Jesus era a espiritualidade do conflito.[13]

Ao entrar numa livraria católica e procurar a seção de espiritualidade, encontramos uma porção de santinhos, folhinhas, cartazes com fotos de bosques maravilhosos,

13 Acentuo isso em meu romance *Um homem chamado Jesus* (Rocco).

montanhas iluminadas, lagos paradisíacos, veredas atravessadas por raios de luz, como símbolos de espiritualidade.

Quando entro numa livraria dessas, penso no meu povo lá da pastoral operária do ABC. Estariam todos perdidos? Porque ninguém pode se dar ao luxo de curtir essas maravilhas, só se comprar uma passagem para a Suíça e ficar lá uns tempos. Onde encontrar lagoa tranquila, bosque com o solo coberto de folhas que caem no outono, montanha com neve, como símbolos de espiritualidade?

Quando abrimos o Evangelho, o que vemos na vida de Jesus? Conflitos do começo ao fim. Iniciam antes de ele nascer, com a suspeita de que Maria teria transado antes de casar com o noivo José.

É muito bonito preparar o presépio e comemorar o Natal. Mas coloque-se no lugar de José e Maria! Numa sociedade em que o adultério era punido com apedrejamento, José, que gostava tanto da mulher, para não ter de denunciá-la, como diz no Evangelho, preferiu "fugir às escondidas". Caso contrário, ela corria o risco de ser apedrejada, e ele não queria testemunhar esta violência. Até o momento em que Deus fez José entender que aquilo era o início de uma espiritualidade do conflito.

Toda a vida Jesus, de ponta a ponta, é conflitiva. O que lhe dava o rumo, a certeza de que, apesar de toda a incompreensão e perseguição, estava no caminho certo?

Sua espiritualidade se compunha de dois elementos, um vertical - a intimidade com Deus - e outro horizontal: o seu amor, a sua relação com os outros, sobretudo com os pobres e com a natureza. Amor para Jesus não era mero sentimento. Amor, no Evangelho, é uma motivação que se traduz em ação de justiça. Só há amor quando há fruto de justiça.

Jesus amava inclusive ao pegar o chicote para expulsar os cambistas do Templo. O amor dele exigia prática de justiça. Toda sua vida era uma radical opção pelos mais excluídos da sociedade. Essa é a maior revolução cultural que o Evangelho propõe. Ainda estamos longe de chegar lá. Para Jesus, o sujeito podia ser cego, surdo, mudo, paralítico, hanseniano, não importava, era considerado templo vivo de Deus.

Não é fácil ver no próximo o templo vivo de Deus. Nosso olhar está demasiadamente contaminado por essa sociedade capitalista, baseada na competitividade, no egoísmo, na soberba, na arrogância. Mas existe quem seja capaz disso.

Um advogado de São Paulo me contou que a irmã dele foi sequestrada. Ficou três dias nas mãos dos sequestradores. Pode-se imaginar o que a mulher sofreu. Depois de três dias sem que a família pagasse o resgate porque não tinha recursos, quando a polícia se aproximava do cativeiro, ela foi solta e levada direto para o hospital.

Quinze dias depois, os sequestradores foram presos. O delegado chamou o advogado, mostrou-lhe os bandidos e perguntou:

— Doutor, o que deseja que façamos com eles? Por onde devemos começar a usar o ferro quente neles?

O advogado reagiu:

— Se encostarem um dedo neles, vou denunciá-los à Corregedoria de Polícia.

Não admitiu que fossem torturados. Perguntei para esse rapaz como ele pôde agir assim. Ele disse:

— Procuro olhar as pessoas, sejam quais forem, como templos vivos de Deus, e sempre penso que, se eu tivesse nascido na condição daqueles caras, possivelmente era eu quem estaria ali como sequestrador.

* * *

O que a política tem a ver com a espiritualidade?

"A política é o modo mais perfeito de caridade", dizia o papa Pio XI. Através de minha generosidade, posso doar um prato de comida para um pobre. Através da política, acabo com a fome e a pobreza.

Há um amplo leque de opções políticas, partidárias ou não. O desafio é evitar a cilada de ter nojo da política, porque será governado por quem não tem. E muitos que não têm nojo da política acham ótimo, pois ficam à vontade para aprontar todas as maracutaias.

Predomina entre os cristãos a ideia de que espiritualidade nada tem a ver com a política. Seriam como água e azeite, dois elementos que não se misturam. Basta observar como vivem uns e outros: os "espirituais" trancados em suas estufas contemplativas, alheios ao índice da inflação, absorvidos em seus exercícios ascéticos, indiferentes às discussões políticas que se travam em volta deles.

Os políticos, consumidos por infindáveis reuniões, correndo contra o relógio da história, mergulhados no redemoinho de contatos, análises e decisões que saturam o tempo e não abrem espaço sequer ao convívio familiar, quanto mais à meditação e à oração!

É verdade: certa concepção de espiritualidade é incompatível com alguns modos de fazer política. Em especial a que ainda proclamava a dualidade entre alma e corpo, natural e sobrenatural, sagrado e profano.

A ideia de uma natureza humana conflitivamente dividida entre carne e espírito – derivada da filosofia de Platão - representou, para a espiritualidade cristã, o que a cosmologia de Ptolomeu significou antes das teorias científicas de Copérnico e Galileu: quem se dedica às coisas do mundo, à *polis*, arrisca-se à perdição.

A espiritualidade era concebida como negação da matéria, mortificação (morte) da carne, renúncia da vontade própria, fruição de êxtase espiritual. Nessa ótica atomística de se compreender a relação da pessoa com a divindade, havia acentuada dose de solipsismo: o cuidado do aprimoramento espiritual do *eu* sobrepunha-se à exigência evangélica de *amor aos outros.*

Como nem mesmo a discussão em torno do sexo dos anjos deixa de ter seus reflexos políticos, tal concepção pagã de espiritualidade - que conduziu por desvios a espiritualidade cristã - serviu de matriz às utopias políticas da *República* de Platão, das *Cidades de Deus* de Santo Agostinho, das propostas de Thomas Morus (*A utopia*) e de Tommaso Campanella (*A cidade do sol*).

Na Igreja, o equívoco alcança o seu ponto alto na Idade Média, confinado entre as fronteiras políticas do poder eclesiástico e apegado à ideia de que o Reino de Deus se estabelecera neste mundo.

Porém, é interessante constatar que os grandes mestres espirituais foram simultaneamente pessoas mergulhadas na efervescência política de sua época: Francisco de Assis questionou o capitalismo nascente (como bem o demonstra a magistral obra de Leonardo Boff, *São Francisco, Ternura e Vigor*); Tomás de Aquino defendeu, em *O Regime dos Príncipes, o* direito à insurreição contra a tirania; Catarina de Sena, analfabeta, interpelou o papado; Teresa de Ávila, "mulher inquieta, errante, desobediente e contumaz" - como a qualificou Dom Felipe Sega, núncio papal na Espanha, em 1578 - revolucionou, com São João da Cruz, a espiritualidade cristã. Thomas Merton, ao morrer, fazia palestra sobre a relação entre monaquismo e marxismo...

Por mais que as escolas espirituais do Ocidente antigo tenham a ensinar, bem como as obras dos místicos cristãos, é no Evangelho que se encontram os fundamentos da espiritualidade cristã. A vida de Jesus não busca a reclusão dos monges essênios e nem se pauta pela prática penitencial de João Batista (*Mateus* 9, 14-15). Engaja-se na conflitividade da Palestina de seu tempo, onde não havia distinção entre religião e política. O Filho revela o Pai andando pelos caminhos da Palestina; seguido por apóstolos, discípulos e mulheres; acolhendo pobres, famintos, doentes e pecadores; desmascarando escribas e fariseus; cercado por multidões; fazendo-se presença incômoda nas grandes festas em Jerusalém; perseguido e assassinado na cruz como prisioneiro político.

Dentro dessa intensa atividade apostólica, com fortes repercussões políticas, Jesus revela-se homem espiritual, ou seja, alguém que vive apaixonadamente a intimidade amorosa com o Pai, com o coração aberto à vontade divina.

Teresa de Ávila dirá isso com outras palavras: "A suprema perfeição não consiste, obviamente, em alegrias interiores, nem em grandes arroubos, visões ou espírito de profecia, mas sim em adequar nossa vontade à de Deus" (*Fundações*, 5, 10).

Não custa repetir: a oração é o hábito que nutre a espiritualidade. No Ocidente, perderam-se os vínculos que nos ligavam às grandes tradições espirituais. Somos herdeiros de um cristianismo racionalista, fundado no aprendizado de fórmulas ortodoxas, e pragmático, voltado à promoção de obras ou ao desempenho imediato de tarefas. A dimensão de gratuidade - essencial em qualquer relação de amor - fica relegada a momentos formais, rituais, de celebrações, sem dúvida importantes, mas insuficientes para fazer da disciplina da oração um hábito que permita penetrar os sucessivos estágios da experiência espiritual.

* * *

A política que não se faz serviço nem se baseia na participação popular tende a ser privilégio de um grupo, de uma casta ou de uma classe. Essa participação popular deve abranger as quatro esferas da vida social: *politicamente*, por mecanismos que permitam a todos participar das decisões; *ideologicamente*, pelo direito de crítica e pelo dever de autocrítica; *economicamente*, pelo igual direito de acesso aos bens necessários à vida; *ecologicamente*, pelo respeito ao meio ambiente e à sustentabilidade das futuras gerações.

Fora disso, ainda que com o título de democracia, o que há são estruturas idolátricas de poder, pois se impõem ao povo como forças onipotentes, oniscientes e onipresentes. Para o político apegado ao poder, a política é uma ilusória maneira de pretender se comparar a Deus. É o Olimpo no qual o desejável se torna possível. Daí porque muitos políticos, cercados de incontáveis fortunas e ameaçados pela idade avançada, ainda insistem em suportar até mesmo revezes e humilhações na atividade política. É, para eles, uma espécie de divinização do próprio ego. Fora do poder ou da função política se veriam insuportavelmente reduzidos à própria identidade, obrigados a sofrer o abismo que, para o comum dos mortais, há entre o desejável e o possível. Por isso, não são raros os casos de políticos que, excluídos do poder, preferem a morte.

Do mesmo modo, nesse mundo e nessa cultura de proporções globais, em que o pobre é uma inumerável coletividade, o amor não pode ser mais pensado e vivido somente em termos de relação interpessoal. Torna-se também uma exigência política, de entrega da vida à conquista da fraternidade entre as pessoas.

Isso não significa racionalizá-lo a ponto de, a pretexto do coletivo, ignorar o pessoal. A raiz e o fruto de toda transformação social que se queira completa serão sempre únicos: o coração humano, aí onde a divinização da pessoa transborda para a divinização da história.

* * *

A espiritualidade é, como a sexualidade, uma dimensão constitutiva do ser humano. Essa potencialidade neurobiológica pode ou não ser cultivada. Uma pessoa desprovida de espiritualidade prescinde da percepção da *profundência* de sua subjetividade. Nela os desejos prevalecem sobre os ideais.

Se Sócrates e Descartes nos despertaram para a inteligência racional; Colleman, para a emocional; foi a física e filósofa Danah Zohar que chamou a atenção para a inteligência espiritual. Maria Corbi sugere que a espiritualidade se resume em IDS: Interesse (por ela); Desapego (de si e dos bens finitos); Silenciamento (concentrar-se para descentrar-se no Outro e nos outros).

À primeira vista, espiritualidade opõe-se à materialidade. E o espírito ao corpo. Esse dualismo platônico está superado, tanto pela ciência quanto pela teologia. Somos todos e tudo uma Unidade. Os mesmos 92 átomos encontrados em nosso corpo são os "tijolos" que edificam o conjunto do Universo.

A espiritualidade prescinde das religiões, pode ser vivida sem elas, e há religiões desprovidas de espiritualidade, asfixiadas pelo peso do doutrinarismo autoritário. Sócrates (470 a.C.-399 a.C.) e Sêneca (4 a.C.-65 d.C.) eram homens profundamente espiritualizados, embora destituídos de religião.

As religiões surgiram no período neolítico, quando o ser humano, até então nômade e coletor, fixou-se na atividade agrícola, tornando-se sedentário. Seu ponto axial foi o século

VII a.C. Nele nasceram e/ou viveram Buda (600), Lao-Tsé (604) Zaratustra (660) e os profetas Jeremias e Daniel.

Enquanto instituição, a religião surgiu naquela época. Antes predominava a cosmovisão tribal, comunitária, voltada a aplacar a ira dos deuses e obter proteção diante das catástrofes naturais, sem individuação do sujeito frente à divindade. Só a partir do século VII a.C. o ser humano passa a ter consciência de sua relação pessoal com Deus.

A religião surge como forma de controle da sociedade agropastoril e seus grandes relatos disciplinam o caos ético, ao mesmo tempo que interioriza o poder da autoridade.

Hoje, o que está em crise não é a espiritualidade. São as formas tradicionais de religião. Nesse mundo secularizado, desencantado, os valores são substituídos pelas ciências; o ser pelo ter; o ideal pelo desejo; o altruísmo pelo consumismo. Assim, a religião reflui para a vida privada e os locais de culto. E deixa de influir na vida social, exceto quando adquire caráter fundamentalista e se estrutura em partido politico para utilizar o poder como meio de imposição de sua doutrina – equívoco que a Igreja cometeu no período medieval.

Hoje, no interior das próprias Igrejas cria-se a dicotomia: fiéis se distanciam da doutrina e da moral oficiais, como é o caso do uso de preservativos por católicos. Como nas relações de trabalho, ocorre uma flexibilização institucional da crença. Constitui um amálgama de propostas, formando um mosaico esotérico.

A crise da Cristandade, no Renascimento, não significou a crise do Cristianismo. Da mesma forma, a crise das religiões não pode ser confundida com a da espiritualidade.

Agora nos deparamos com uma espiritualidade pós-axial, laica, pós-religiosa, centrada na autonomia do indivíduo.

O que caracteriza essa espiritualidade pós-moderna é, de um lado, a busca, não do outro, mas de si, da tranquilidade espiritual, da paz no coração. Nesse sentido, trata-se de uma espiritualidade egocêntrica, centrada no próprio ego. De outro lado, porém, há uma espiritualidade aberta à esfera política, voltada à promoção da justiça e da paz, comprometida com a ética e a proteção do meio ambiente.

Vale retomar o esquema Corbi: hoje, uma espiritualidade evangélica deve ter clareza de seus objetivos. O meu próprio bem-estar subjetivo ou também uma sociedade fundada na justiça? Deve propiciar o desapego aos bens finitos, como mercadorias, poder, dinheiro, fama, de modo a favorecer o cultivo dos bens infinitos: amizade, solidariedade, compaixão. E, sobretudo, fundar-se no silenciamento, na abertura dialógica, orante a Deus; na atitude servidora aos outros; na reverência devocional à natureza.

* * *

Em resumo: espiritualidade e religião se complementam mas não se confundem. A espiritualidade existe desde que o ser humano irrompeu na natureza, há mais de 200 mil anos. As religiões são recentes, não ultrapassam 8 mil anos de existência.

A religião é a institucionalização da espiritualidade, assim como a família é do amor. Há relações amorosas sem constituir família. Do mesmo modo, há quem cultive espiritualidade sem se identificar com uma religião. Há inclusive espiritualidade institucionalizada sem ser religião, como é o caso do budismo, uma filosofia de vida.

As religiões, em princípio, deveriam ser fontes e expressões de espiritualidades. Nem sempre isso ocorre. Em geral, a religião se apresenta como um catálogo de regras, crenças e proibições, enquanto a espiritualidade é livre e criativa. Na religião, predomina a voz exterior, da autoridade religiosa. Na espiritualidade, a voz interior, o "toque" divino.

A religião é uma instituição; a espiritualidade, uma vivência. Na religião há disputa de poder, hierarquia, excomunhões e acusações de heresia. Na espiritualidade predominam a disposição de serviço, a tolerância para com a crença (ou a descrença) alheia, a sabedoria de não transformar o diferente em divergente.

A religião culpabiliza; a espiritualidade induz a aprender com o erro. A religião ameaça; a espiritualidade encoraja. A religião reforça o medo; a espiritualidade, a confiança. A religião traz respostas; a espiritualidade suscita perguntas. As religiões são causas de divisões e guerras; as espiritualidades, de aproximação e respeito.

Na religião se crê; na espiritualidade se vivencia. A religião nutre o ego, pois uma se considera melhor que a outra. A espiritualidade transcende o ego e valoriza todas as religiões que promovem a vida e o bem.

A religião provoca devoção; a espiritualidade, meditação. A religião promete a vida eterna; a espiritualidade a antecipa. Na religião, Deus, por vezes, é apenas um conceito; na espiritualidade, uma experiência inefável.

Há fiéis que fazem de sua religião um fim e se dedicam de corpo e alma a ela. Ora, toda religião, como sugere a etimologia da palavra (religar), é um meio para amar o próximo, a natureza e a Deus. Uma religião que não suscita amorosidade, compaixão, cuidado do meio ambiente e alegria, serve para ser lançada ao fogo. É como flor de plástico, linda, mas sem vida.

Há que tomar cuidado para não jogar fora a criança com a água da bacia. O desafio é reduzir a distância entre religião e espiritualidade, e precaver-se para não abraçar uma religião vazia de espiritualidade nem uma espiritualidade solipsista, indiferente às religiões.

Há que fazer das religiões fontes de espiritualidade, de prática do amor e da justiça, de compaixão e serviço. Jesus é o exemplo de quem rompe com a religião esclerosada de seu tempo, e vivencia e anuncia uma nova espiritualidade, alimentada na vida comunitária, centrada na atitude amorosa, na intimidade com Deus, na justiça aos pobres, no perdão. Dessa espiritualidade resultou o Cristianismo.

Há teólogos que defendem que o Cristianismo deveria ser um movimento de seguidores de Jesus, e não uma religião tão hierarquizada e cuja estrutura de poder suga parte considerável de sua energia espiritual.

O fiel que pratica todos os ritos de sua religião, acata os mandamentos e paga o dízimo e, no entanto, é intolerante com quem não pensa ou crê como ele, pode ser um ótimo religioso, mas carece de espiritualidade. É como uma família desprovida de amor.

O apóstolo Paulo descreve magistralmente o que é espiritualidade no capítulo 13 da *Primeira Carta aos Coríntios*. E Jesus a exemplifica na parábola do Bom Samaritano (*Lucas* 10, 25-37) e faz uma crítica mordaz à religião em *Mateus* 23.

A espiritualidade deveria ser a porta de entrada das religiões. Antes de pertencer a uma Igreja ou a uma determinada confissão religiosa, melhor propiciar ao interessado a experiência de Deus, que consiste em se abrir ao Mistério, aprender a orar e meditar, penetrar o sentido dos textos sagrados.

* * *

O noviço indagou do mestre como exercitar a virtude da paciência. O mestre submeteu-o ao primeiro dos três exercícios: caminhar todas as manhãs pela floresta vizinha ao mosteiro.

Disposto a conquistar a paciência e livrar-se da ansiedade que o escravizava – a ponto de ingerir alimentos quase sem mastigá-los, tratar os subalternos com aspereza, falar mais do que devia -, durante nove meses o noviço caminhou por escarpas íngremes, estreitas fendas entre árvores e cipós, pântanos perigosos, enfrentou toda sorte de insetos peçonhentos e bichos venenosos.

Nove meses depois o mestre o chamou. Deu-lhe o segundo exercício: encher um tonel de água e carregá-lo nos braços todas as manhãs, ao longo dos cinco quilômetros que separavam o rio da fonte que abastecia o mosteiro.

O noviço tampouco compreendeu o segundo exercício mas, julgando a sua desconfiança sintoma de impaciência, resignadamente aplicou-se na tarefa ao longo de nove meses.

Chegou o dia do terceiro e último exercício: atravessar, de olhos vendados, a corda que servia de ponte entre o abismo em que se encravava o mosteiro e a montanha que se erguia defronte. Com muita reverência, por temer estar ainda tomado pela impaciência, o noviço indagou ao mestre se lhe era permitido fazer uma pergunta. O velho monge aquiesceu. "Mestre, qual a relação entre os três exercícios?"

O mestre sorriu. Seu rosto adquiriu uma expressão luminescente: "Ao caminhar pela floresta, você aprendeu a evitar a ansiedade. Soube vencer meticulosamente cada um dos obstáculos e não se deixou intimidar pelas ameaças. Agora sabe que, na vida, o importante não é disputar na pressa quem chega primeiro. O que vale é chegar, ainda que demore mil anos. Observou também a diversidade da natureza e dela tirou a lição de que nem todas as coisas são do jeito que preferimos."

"Ao trazer água do rio, você fortaleceu os músculos do corpo e aprendeu a servir. A impaciência é a matéria-prima da intolerância, do fundamentalismo, do desrespeito, da segregação. A paciência exige humildade, generosidade, solidariedade."

O noviço compreendeu. Porém, ainda uma dúvida pairava em sua mente. O mestre percebeu. "Agora você quer saber por que atravessar de olhos vendados a corda que nos serve de ponte, não é?", indagou o velho monge. E acrescentou: "Com a paciência impregnada em seus pés que trilharam a floresta inóspita; a força impregnada em seus braços, que aprenderam a servir; agora você fará o exercício da fé. Não poderá enxergar, mas confiará que a corda permanecerá sob seus pés. Não poderá apoiar-se, mas se entregará à certeza de que seu corpo é como a água que você trazia: movimenta-se, mas não cai. Não poderá fugir ao abismo que se abre abaixo, mas andará convicto de que, do outro lado, há a montanha sólida a esperá-lo e acolhê-lo. Assim é o Pai de Amor quando nos dispomos, na escuridão da fé, a ir ao encontro dele."

Após uma pausa de silêncio, o mestre completou: "Sem fé não há tolerância; sem tolerância, impossível a paciência." Assustado, o noviço dilatou os olhos. "O que foi?", indagou o velho monge. "Mestre, os fundamentalistas não são pessoas de muita fé? E não se caracterizam pela intolerância?"

O mestre sorriu de modo suave e replicou: "Os fundamentalistas não têm fé, que é confiar incondicionalmente em Alguém. O que têm é pretensão, confiam apenas em si mesmos. Eles são objeto da própria fé. Ao atravessar o abismo, você estará percorrendo o itinerário que conduz do seu homem velho ao seu homem novo. E o fará para o bem dos outros. Confia. Alguém o conduzirá pela mão, livrando-o de todos os riscos."

Dez conselhos para viver a religião no Século XXI

1. RELIGUE-SE. Evite o solipsismo, o individualismo, a solidão nefasta. Religue-se ao mais profundo de si mesmo, lá onde se cultivam os bens infinitos; à natureza, da qual somos todos expressão e consciência; ao próximo, de quem inevitavelmente dependemos; a Deus, que nos ama incondicionalmente. Isto é religião, re-ligar.

2. CULTIVE SUA ESPIRITUALIDADE. Tenha presente que as religiões surgiram na história da humanidade há cerca de oito mil anos. A espiritualidade, porém, é tão antiga quanto a própria humanidade. É o fundamento de toda religião, assim como o amor em relação à família. Busque na sua religião aprimorar a sua espiritualidade. Desconfie de religião que não cultiva a espiritualidade e prioriza dogmas, preceitos, mandamentos, hierarquias e leis.

3. VALORIZE A VIDA. Verifique se a sua religião está centrada no dom maior de Deus: a vida. Religião centrada na autoridade, na doutrina, na ideia de pecado, na predestinação, é ópio do povo. "Vim para que todos tenham vida e vida em abundância", disse Jesus (*João* 10,10). Portanto, a religião não pode manter-se indiferente a tudo que impede ou ameaça a vida: opressão, exclusão, submissão, discriminação, desqualificação de quem não abraça o mesmo credo.

4. INSIRA-SE NA COMUNIDADE ORANTE. Engaje-se numa comunidade religiosa comprometida com o aprimoramento da espiritualidade. Religião é comunhão. E imprima à sua comunidade caráter social: combate à miséria; solidariedade aos pobres e injustiçados; defesa intransigente da vida; denúncia das estruturas de morte; anúncio de um "outro mundo possível", mais justo e livre, onde todos possam viver com dignidade e felicidade.

5. PRATIQUE SUA CRENÇA. Interiorize sua experiência religiosa. Transforme o crer no fazer. Reduza a contradição entre oração e ação. Faça pelos outros o que gostaria que fizessem por você. Ame assim como Deus nos ama: incondicionalmente.

6. ORE. Religião sem oração é cardápio sem alimento. Reserve um momento de seu dia para encontrar-se com Deus no mais íntimo de si mesmo. Medite. Deixe o Espírito divino lapidar o seu espírito, desatar os seus nós interiores, dilatar sua capacidade amorosa.

7. PRATIQUE A TOLERÂNCIA. Seja tolerante com as outras religiões, assim como gostaria que fossem com a sua. Livre-se de qualquer tendência fundamentalista de quem se julga dono da verdade e melhor intérprete da vontade de Deus. Procure dialogar com aqueles que manifestam crenças diferentes da sua. Quem ama não é intolerante.

8. LEMBRE-SE: DEUS NÃO TEM RELIGIÃO. Nós é que, ao institucionalizar diferentes experiências espirituais, criamos as religiões. Todas elas estão inseridas neste mundo em que vivemos e mantêm com ele uma intrínseca inter-relação. Toda religião desempenha na sociedade em que

se insere um papel político, seja legitimando injustiças, ao se manter indiferente, seja ao denunciá-las profeticamente em nome do princípio de que somos todos filhos e filhas de Deus. Portanto, temos o direito de fazer da humanidade uma família.

9. A ÁRVORE SE CONHECE PELOS FRUTOS. Avalie se a sua religião é amorosa ou excludente, semeadora de bênçãos ou arauto do inferno, serva do projeto de Deus na história humana ou do poder do dinheiro.

10. DEUS É AMOR E TODA EXPERIÊNCIA DE AMOR É EXPERIÊNCIA DE DEUS. Religião que não conduz ao amor não é coisa de Deus. Mais importante que ter fé, abraçar uma religião, frequentar templos, é amar. "Ainda que eu tivesse fé capaz de transportar montanhas, se não tivesse o amor isso de nada me serviria", disse o apóstolo Paulo (1 *Coríntios* 13, 2). Mais vale um ateu que ama que um crente que odeia, discrimina e oprime. O amor é raiz e fruto de toda verdadeira religião; e a experiência de Deus, de toda autêntica fé.

BIBLIOGRAFIA DO AUTOR

Edições nacionais

1 - Cartas da prisão – 1969-1973, Rio de Janeiro, Agir, 2008. (Essas Cartas foram publicadas anteriormente em duas obras - Cartas da Prisão e Das Catacumbas, Rio de Janeiro, Civilização Brasileira. Cartas da Prisão, editada em 1974, teve a 6ª edição lançada em 1976. Nova edição: São Paulo, Companhia das Letras, 2017.

2 - Das catacumbas, Rio de Janeiro, Civilização Brasileira, 1976 (3ª edição, 1985) – Livraria Virtual: freibetto.org.

3 - Oração na ação, Rio de Janeiro, Civilização Brasileira, 1977 (3ª edição, 1979).

4 - Natal, a ameaça de um menino pobre, Petrópolis, Vozes, 1978.

5 - A semente e o fruto, Igreja e Comunidade, Petrópolis, Vozes, 3ª edição, 1981.

6 - Diário de Puebla, Rio de Janeiro, Civilização Brasileira, 1979 (2ª edição, 1979).

7 - A Vida suspeita do subversivo Raul Parelo (contos), Rio de Janeiro, Civilização Brasileira, 1979 (esgotada). Reeditada sob o título de O Aquário Negro, Rio de Janeiro Difel, 1986. Nova edição do Círculo do Livro, 1990. Em 2009, foi lançada pela Agir nova edição revista e ampliada, Rio de Janeiro.

8 - Puebla para o povo, Petrópolis, Vozes, 1979 (4ª edição, 1981.

9 - Nicarágua livre, o primeiro passo, Rio de Janeiro, Civilização Brasileira, 1980. Dez mil exemplares editados em Jornalivro, São Bernardo do Campo, ABCD-Sociedade Cultural, 1981.

10 - O que é Comunidade Eclesial de Base, São Paulo, Brasiliense, 5ª edição, 1985. Co-edição Abril, São Paulo, 1985, para bancas de revistas e jornais.

11 - O fermento na massa, Petrópolis, Vozes, 1981.

12 - CEBs, rumo à nova sociedade, São Paulo, Paulinas, 2ª edição, 1983.

13 - Fogãozinho, culinária em histórias infantis (com receitas de Maria Stella Libanio Christo), Rio de Janeiro, Nova Fronteira,1984 (3ª ed. 1985). Nova edição da Mercuryo Jovem – São Paulo, 2002 (7ª edição).

14 - Fidel e a religião, conversas com Frei Betto, São Paulo, Brasiliense, 1985 (23ª edição, 1987). Edição do Círculo do Livro, São Paulo. Edição ampliada e ilustrada com fotos, São Paulo, Editora Fontanar/Companhia das Letras, 2016.

15 - Batismo de sangue, Os dominicanos e a morte de Carlos Marighella, Rio de Janeiro, Civilização Brasileira, 1982 (7ª edição, 1985). Reeditado pela Bertrand do Brasil, Rio de Janeiro, 1987 (10ª edição, 1991). Edição do Círculo do Livro, São Paulo, 1982. Em 2000 foi lançada a 11ª edição revista e ampliada - Batismo de Sangue – A luta clandestina contra a ditadura militar – Dossiês Carlos Marighella & Frei Tito - pela Casa Amarela, São Paulo. Em 2006, foi lançada a 14ª edição, revista e ampliada, Rocco.

16 - OSPB, Introdução à política brasileira, São Paulo, Atica,1985, (18ª edição, 1993).

17 - O dia de Angelo (romance), São Paulo, Brasiliense,1987 (3ª edição, 1987). Edição do Círculo do Livro, São Paulo, 1990. Livraria virtual: freibetto.org.

18 - Cristianismo & marxismo, Petrópolis, Vozes, 3ª edição, 1988.

19 - A proposta de Jesus (Catecismo Popular, vol. I), São Paulo, Atica, 1989 (3ª edição, 1991). Livraria virtual: freibetto.org.

20 - A comunidade de fé (Catecismo Popular, vol. II), São Paulo, Atica, 1989 (3ª edição, 1991). Livraria virtual: freibetto.org.

21 - Militantes do reino (Catecismo Popular, vol. III), São Paulo, Atica, 1990 (3ª edição, 1991). Livraria virtual: freibetto.org.

22 - Viver em comunhão de amor (Catecismo Popular, vol. IV), São Paulo, Ática, 1990 (3ª edição, 1991). Livraria virtual: freibetto.org.

23 - Frei Tito de Alencar Lima, CPDDH, Centro Ecumênico de Publicações e Estudos, São Paulo, 1991 - Livraria virtual: freibetto.org.

24 - Espiritualidade Dominicana: seguir Jesus nos passos de Domingos - Subsídios para a formação dominicana - Escola Dominicana de Teologia, São Paulo, 1981.

25 - Novena de São Domingos - Subsídios para a formação dominicana - Escrito na prisão de Presidente Venceslau, Escola Dominicana de Teologia, São Paulo, 1972.

26 - Catecismo popular (versão condensada), São Paulo, Atica,1992 (2ª edição, 1994). Livraria virtual: freibetto.org.

27 - Lula - biografia política de um operário, São Paulo, Estação Liberdade, 1989 (8ª edição, 1989). Lula - Um operário na Presidência, São Paulo, Casa Amarela, 2003 - edição revisada e atualizada. Livraria virtual: freibetto.org.

28 - A menina e o elefante (infantojuvenil), São Paulo, FTD, 1990 (6ª edição, 1992). Em 2003, foi lançada nova edição revista pela Editora Mercuryo Jovem, São Paulo. (3ª edição).

29 - Fome de pão e de beleza, São Paulo, Siciliano, 1990.

30 - Uala, o amor (infantojuvenil), São Paulo, FTD, 1991 (12ª edição, 2009). Nova edição, 2016.

31 - Sinfonia universal, a cosmovisão de Teilhard de Chardin, São Paulo, Ática, 1997 (5ª ed. revista e ampliada). A 1ª ed. foi editada pelas Letras & Letras, São Paulo, 1992. (3ª ed. 1999). Rio de Janeiro, Vozes, 2011. Livraria virtual: freibetto.org.

32 - Alucinado som de tuba (romance), São Paulo, Ática, 1993 (20ª edição, 2000). Livraria virtual: freibetto.org.

33 - Por que eleger Lula presidente da República (Cartilha Popular), São Bernardo do Campo, FG, 1994.

34 - O paraíso perdido - nos bastidores do socialismo, São Paulo, Geração, 1993 (2ª edição, 1993). Na edição atualizada, ganhou o título O paraíso perdido - viagens ao mundo socialista, Rio de Janeiro, Rocco, 2015.

35 - Cotidiano & Mistério, São Paulo, Olho d'Água, 1996. (2ª ed. 2003).

36 - A obra do Artista - uma visão holística do universo, São Paulo, Ática,1995 (7ª edição, 2008). Rio de Janeiro, Ed. José Olympio, 2011.

37 - Comer como um frade - divinas receitas para quem sabe por que temos um céu na boca, Rio de Janeiro, Francisco Alves, 1996 (2ª edição 1997). Rio de Janeiro, Editora José Olympio, 2003.

38 - O vencedor (romance), São Paulo, Ática, 1996 (15ª edição, 2000).

39 - Entre todos os homens (romance), São Paulo, Ática, 1997 (8ª edição, 2008). Na edição atualizada, ganhou o título Um homem chamado Jesus, Rio de Janeiro, Rocco, 2009.

40 - Talita abre a porta dos evangelhos, São Paulo, Moderna, 1998. Livraria virtual: freibetto.org.

41 - A noite em que Jesus nasceu, Petrópolis, Vozes, 1998.

42 - Hotel Brasil (romance policial), São Paulo, Ática, 1999 (2ª ed. 1999). Na edição atualizada, ganhou o título Hotel Brasil - o mistério das cabeças degoladas, Rio de Janeiro, Rocco, 2010. Livraria virtual: freibetto.org.

43 - A mula de Balaão, São Paulo, Salesiana, 2001. Livraria virtual: freibetto.org.

44 - Os dois irmãos, São Paulo, Salesiana, 2001. Livraria virtual: freibetto.org.

45 - A mulher samaritana, São Paulo, Salesiana, 2001.

46 - Alfabetto - autobiografia escolar, São Paulo, Ática, 2002 (4ª edição) - Livraria virtual: freibetto.org.

47 - Gosto de uva - textos selecionados, Rio de Janeiro, Garamond, 2003. - Livraria virtual: freibetto.org.

48 - Típicos tipos - coletânea de perfis literários, São Paulo, A Girafa, 2004. Segunda edição, 2022.

49 - Saborosa viagem pelo Brasil - Limonada e sua turma em histórias e receitas a bordo do Fogãozinho, (com receitas de Maria Stella Libanio Christo), São Paulo, Mercuryo Jovem, 2004. (2ª edição).

50 - Treze contos diabólicos e um angélico - São Paulo, Planeta do Brasil, 2005. Livraria virtual: freibetto.org.

51 - A mosca azul - reflexão sobre o poder - Rio de Janeiro, Rocco, 2006.

52 - Calendário do poder - Rio de Janeiro, Rocco, 2007.

53 - A arte de semear estrelas - Rio de Janeiro, Rocco, 2007.

54 - Diário de Fernando - Nos cárceres da ditadura militar brasileira - Rio de Janeiro, Rocco, 2009.

55 - Maricota e o mundo das letras, São Paulo, Mercuryo Novo Tempo, 2009.

56 - Minas do ouro, Rio de Janeiro, Rocco, 2011.

57 - Aldeia do silêncio, Rio de Janeiro, Rocco, 2013.

58 - O que a vida me ensinou, São Paulo, Saraiva, 2013 Livraria virtual: freibetto.org.

59 - Fome de Deus - Fé e espiritualidade no mundo atual, São Paulo, Paralela, 2013 - Livraria virtual: freibetto.org.

60 - Reinventar a vida, Petrópolis, Vozes, 2014.

61 - Começo, meio e fim, Rio de Janeiro, Rocco, 2014.

62 - Oito vias para ser feliz, São Paulo, Planeta, 2014 - Livraria virtual: freibetto.org.

63 - Um Deus muito humano - Um novo olhar sobre Jesus, São Paulo, Fontanar, 2015.

64 - Ofício de escrever - Rio de Janeiro, Rocco, 2017.

65 - Parábolas de Jesus - Ética e valores universais - Petrópolis, Editora Vozes, 2017.

66 - Por uma educação crítica e participativa - Rio de Janeiro, Rocco, 2018.

67 - Sexo, orientação sexual e "ideologia de gênero" - Rio de Janeiro, Coleção Saber - Grupo Emaús, 2018 - Livraria virtual: freibetto.org.

68 - Fé e Afeto - Espiritualidade em tempos de crise - Petrópolis, Rio de Janeiro, Editora Vozes, 2019.

69 - Minha avó e seus mistérios - Rio de Janeiro, Rocco, 2019.

70 - O marxismo ainda é útil? - São Paulo, Cortez Editora, 2019.

71 - O Diabo na corte - Leitura crítica do Brasil atual - São Paulo, Cortez Editora, 2020.

72 - Diário de Quarentena - 90 dias em fragmentos evocativos - Rio de Janeiro, Rocco, 2020.

73 - Espiritualidade, amor e êxtase - Petrópolis, Vozes, 2021.

74 - Tom Vermelho do Verde - Rio de Janeiro, Rocco, 2022.

75 - O estranho dia de Zacarias - São Paulo, Cortez, 2022.

76 - Jesus militante - Evangelho e Projeto Político do Reino de Deus, Petrópolis, Vozes, 2022.

77 - Os anjos de Juliana - São Paulo, Editora Mercuryo Jovem, 2023.

78 - Jesus Rebelde: Mateus, o Evangelho da Ruptura, Petrópolis, Vozes, 2024.